PENSEZ POSSIBILITÉS !

ISBN : 978-2-89225-003-9

IMPRIMÉ AU CANADA

Robert H. Schuller

PENSEZ POSSIBILITÉS !

UN MONDE DIFFÉRENT

Remerciements

Je désire exprimer toute ma reconnaissance :

Aux maisons d'édition qui m'ont permis d'utiliser les citations contenues dans ce livre.

Aux ministres Norman Vincent Peale et Raymond J. Lindquist, qui ont fait bien plus pour moi qu'ils ne le sauront jamais.

À notre communauté de la Garden Grove Community Church, le plus important groupe de penseurs axés sur les possibilités que je connaisse.

À ma femme, Arvella Schuller, et à mon ami, Stuart L. Daniels, pour leurs inestimables conseils et encouragements dans la préparation de cet ouvrage.

À mon fils Robert Anthony Schuller
et à mes filles Sheila Louise, Jeanne Anne,
Carol Lynn et Gretchen Joy.

Table des matières

Introduction

Par le docteur Norman Vincent Peale

J'ai rencontré pour la première fois l'auteur de ce livre lorsqu'ils m'a invité à visiter son église en plein air au sud de la Californie, il y a plus de dix ans. À cette époque, j'ai été grandement impressionné par l'imagination, la détermination et l'enthousiasme qui lui avaient permis de faire face à une situation apparemment sans issue et d'y trouver une solution. Il ne disposait pour ainsi dire d'aucun endroit pour officier dans le secteur qu'on lui avait assigné. Il surmonta le problème en utilisant un cinéma en plein air pour ses cérémonies religieuses du dimanche matin.

Plusieurs années plus tard, j'ai eu l'honneur de participer aux cérémonies d'inauguration d'un édifice tout neuf, une merveilleuse église que l'esprit toujours fertile de Bob Schuller, son enthousiasme inébranlable et sa pensée positive avaient transformée en réalité.

Ces qualités qui ont permis à un homme de réaliser son rêve se communiquent au lecteur de ce livre. Vous y trouverez les principes et les lignes directrices qui vous permettront de réaliser vos propres buts dans la vie. Le lecteur apprend à surmonter les obstacles réels ou imaginaires qui freinent son progrès et son bonheur personnels, en axant ses pensées sur les possibilités que lui offre la vie.

Pensez possibilités est une source d'inspiration et de profonde émotion, car il contient des récits exemplaires. Le message religieux y est présenté d'une manière des plus intéressantes et des plus attrayantes. Il s'agit d'un document très facile à lire, extraordinairement humain, qui présente son message avec une grande concision.

JE L'AI TROUVÉ ABSOLUMENT FASCINANT!

Je suis certain que toute personne qui lira ce livre et qui en suivra les préceptes pourra réussir tout ce qu'elle voudra. J'ai lu de nombreux livres qui étaient des sources d'inspiration et d'espoir et qui offraient des programmes d'action positifs. *Pensez possibilités* est l'un des meilleurs.

1

Penseurs axés sur l'impossibilité VS penseurs axés sur la possibilité

Boitez-vous alors que vous pourriez avoir une démarche assurée, vous plaignez-vous alors que vous pourriez siffler, pleurez-vous alors que vous pourriez rire?

Vous laissez-vous abattre par vos problèmes; connaissez-vous des difficultés qui vous paraissent insurmontables; êtes-vous la proie de chagrins qui ne se dissipent pas et risquent d'évoluer vers la dépression?

Souffrez-vous d'ennui, de fatigue; manquez-vous d'énergie et d'enthousiasme; en un mot êtes-vous las de la vie?

Avez-vous sous les yeux quelqu'un qui est en train de réussir du fait qu'il a saisi une occasion que vous-même avez laissé échapper?

Vos projets et vos rêves connaissent-ils l'échec plutôt que la réussite, la stagnation plutôt que la concrétisation et la réalisation?

Si tel est le cas, ALORS CE LIVRE EST POUR VOUS!

Sa lecture vous amènera à modifier votre mode de pensée et votre vie.

Lors de ma visite à la base aérienne d'Elmendorf, à Anchorage, en Alaska, je fus très impressionné par les façons d'agir du haut commandement. Après un bref entretien avec le général Raymond Reeves, je demandai aux officiers de cette base située sur le toit du monde quel était à leur avis le secret du succès de leur général. Ils répondirent en me disant que leur général ne cessait de leur répéter qu'il leur fallait arrêter de chercher des raisons de croire que les choses ne marcheraient jamais et qu'il leur fallait plutôt essayer de trouver les moyens qui rendraient les choses réalisables.

On compte deux types fondamentaux de penseurs au sein de la grande famille que représente l'humanité. Les premiers sont les « penseurs axés sur la possibilité » et les deuxièmes sont les « penseurs axés sur l'impossibilité ». C'est du moins ainsi que je les qualifie. À laquelle de ces deux catégories croyez-vous, pour votre part, appartenir ?

Il existe de nombreuses espèces d'oiseaux dans les déserts de la Californie. Certains survolent des étendues immenses, en quête de nourriture, mais ne trouvent jamais à manger. D'autres, comme cette créature merveilleuse, ce chef-d'œuvre d'inspiration qu'est l'oiseau-mouche de Californie, survolent à grande vitesse les déserts à la recherche des fleurs qui poussent sur les cactus. Après s'y être posés ils en percent les cœurs rougeâtres et s'abreuvent du miel qui s'y trouve. Alors que d'autres ne trouvent rien à manger, l'oiseau-mouche trouve sa nourriture dans une fleur. À sa manière, il axe sa pensée sur la possibilité.

Les penseurs axés sur l'impossibilité

Les penseurs axés sur l'impossibilité sont des gens qui examinent rapidement les idées qu'on leur soumet. Leur attitude est au départ négative, car ils n'ont d'yeux que pour les aspects les moins reluisants des choses. Ils cherchent les raisons qui feront que les choses ne marcheront pas plutôt que les moyens qui feront qu'elles marcheront. Ainsi, ils ont tendance à opposer un non immédiat et catégorique à une proposition, qu'ils ne prennent même pas la peine d'analyser objectivement.

Ceux qui axent leur pensée sur l'impossibilité sont des gens qui réagissent impulsivement, instinctivement et impétueusement à toute suggestion positive qui leur est faite. Ils diront que l'idée présentée est irréalisable, qu'elle est mauvaise, que les personnes de leur connaissance qui s'en sont prévalues ont échoué ou (et c'est en général leur argument principal) que son coût est exorbitant ! Ils souffrent d'une dangereuse attitude mentale que j'appelle le complexe d'infériorité. Ce sont des inventeurs de problèmes, des prophètes de malheur, des annonceurs de difficultés et d'obstacles, de même que des estimateurs de coûts exagérés.

Leur attitude est génératrice de crainte, de doute, de pessimisme et de fatigue. Ils se complaisent dans l'inquiétude et abhorent les sentiments d'optimisme et de confiance. Le résultat final ? Ils n'ont aucune idée positive, aucun rêve et aucun projet.

Les penseurs axés sur la possibilité

Les penseurs axés sur la possibilité sont comme ces oiseaux-mouches qui trouvent du miel dans les endroits les plus étranges et les plus impensables. Ce sont des gens qui prennent toujours soin d'examiner attentivement les idées, les propositions ou les occasions qui s'offrent à eux. Ils ont l'avantage de pouvoir reconnaître les aspects positifs que comportent à peu près toutes les situations humaines.

Bref, ce sont des gens qui, en face d'une montagne, ne se découragent pas. Ils n'ont de cesse que lorsqu'ils l'ont franchie, l'ont agrémenté d'un passage ou un tunnel, ou que lorsqu'ils l'ont transformée en mine d'or.

Pourquoi réussissent-ils?

Ils réussissent parce qu'ils se sont entraînés à identifier ou reconnaître les possibilités et les occasions que leur offre la vie. Ils ont appris à

— surmonter les complexes d'infériorité et à vivre avec assurance;
— être à l'écoute des nouvelles idées qu'ils évaluent soigneusement;
— discerner les occasions et à s'en saisir courageusement;
— accueillir les problèmes stimulants et à les résoudre créativement;
— affronter les tragédies personnelles avec sérénité et, lorsque possible, à les utiliser constructivement.

Ce sont des gens merveilleux qui entretiennent ou font naître en tout un chacun: la foi, l'espoir, l'assurance, l'enthousiasme, l'optimisme!

L'Histoire les qualifie de meneurs d'hommes, de personnes exceptionnelles.

Remercions Dieu pour ces rêveurs dévoués, ces créateurs sanctifiés, ces joueurs glorifiés, ces puissants croyants !

Au nombre des imposantes réalisations qui leur sont attribuables, on compte :

— mariages réussis et familles heureuses ;
— entreprises prospères et importantes institutions ;
— médicaments et techniques chirurgicales indispensables à la vie ;
— imposants gratte-ciel ;
— satellites voguant silencieusement dans le vaste océan de l'espace ;
— enfants rieurs dans des foyers rendus heureux par la puissance de l'amour de Dieu.

Le présent volume n'est rien d'autre qu'une invitation à devenir un penseur axé sur la possibilité, un vainqueur dans ce monde rempli de perdants, de nullités et de ratés.

Je vous promets que, si vous mettez en application les principes chers à ceux qui axent leur pensée sur la possibilité, vous pourrez vous aussi :

— Transformer vos rêves en réalisations formidables ;
— transformer vos problèmes en solutions créatrices ;
— transformer vos obstacles en occasions inespérées ;
— transformer vos occasions en entreprises prospères ;
— transformer vos tragédies en triomphes exemplaires.

Les pages qui suivent indiquent la route vers la réussite. Empruntez cette route et découvrez la puissance nouvelle et étonnante qui s'y trouve.

Pourquoi suis-je si convaincu ?

Je sais ce que la pensée axée sur la possibilité a apporté à des milliers de gens comme vous et moi. Étant pasteur de l'une des plus importantes églises du pays, j'ai eu l'occasion de rencontrer toutes sortes de gens et de me familiariser avec les situations les plus diverses auxquelles ils avaient à faire face. J'ai vu comment celui qui axe sa pensée sur l'impossibilité échoue dans toutes ses entreprises. Et j'ai aussi vu comment le penseur axé sur la possibilité gagne contre toute attente dans les situations les plus désespérées.

Pourquoi suis-je si convaincu que ce livre peut vous aider? La pensée axée sur la possibilité a déplacé des montagnes dans ma vie. Je sais qu'elle m'a été profitable. Si je vous en communique les principes, elle vous sera également profitable.

Joignez-vous à moi dès maintenant pour le voyage le plus extraordinaire de votre vie, celui qui vous permettra d'apprendre comment vous aussi pouvez réussir à titre de penseur axé sur la possibilité.

2

Comment la pensée axée sur la possibilité a déplacé des montagnes dans ma vie

Laissez-moi vous raconter une histoire qui vous permettra de comprendre comment je devins un penseur axé sur la possibilité. L'on vit sa voiture longer la grange de bois non peint, puis s'arrêter dans un nuage de poussière devant l'entrée de la maison. Je me précipitai, pieds nus, sur le balcon de bois brut, et aperçus mon oncle Henry qui descendait de l'automobile. Il était grand, très beau, et il débordait d'énergie. Après plusieurs années de missionnariat en Chine, il avait décidé de venir nous visiter sur notre ferme en Iowa. Il courut à la vieille barrière et posa ses deux grosses mains sur mes épaules de petit garçon de quatre ans. Il arbora un grand sourire, m'ébouriffa les cheveux et dit : « Eh bien ! tu es Robert, n'est-ce pas ? Je crois que tu seras prêtre un jour. » Cette nuit-là, je priai en secret : « Mon Dieu, faites que je sois prêtre lorsque je serai grand ! » Et je crois que c'est à ce moment que Dieu a fait de moi un penseur axé sur la possibilité.

Seize ans plus tard, lorsque je graduai de l'Université de Hope, à Holland, au Michigan, je décidai d'entrer au Western Theological Seminary. Alors que j'y étudiais, je fus consterné par l'attitude de certains étudiants ambitieux sur le point de graduer. Les plus importantes églises du pays étaient pour eux des objets de convoitise. « Quelle manière dangereuse de pénétrer dans le monde, pensais-je. Je me vois convoitant un poste dans une église importante, m'arrangeant même peut-être pour l'obenir et devenant jaloux si quelqu'un d'autre est choisi. » Je ne voulais pas entreprendre mon ministère sur la base de telles émotions négatives.

À peu près à la même époque, j'écrivis un article sur George Truett, un ministre baptiste qui s'était vu confier la charge d'une église en difficulté au Texas. « Je donnerais ma vie, le meilleur et la totalité de ma vie si nécessaire, disait le jeune Texan, pour qu'elle devienne la plus grande église d'Amérique ! » Et c'est ce qui advint. À sa retraite, quarante ans plus tard, il laissait derrière lui la plus grande et probablement la meilleure église baptiste en Amérique. Quelle inspiration ! « Mon Dieu, donnez-moi la chance, priai-je, de construire une église qui soit mon œuvre du début à la fin. Je ne convoite pas le travail d'autrui. Je ne demande que l'occasion de me créer moi-même un travail important et de laisser derrière moi quelque chose de merveilleux qui profitera aux générations à venir. »

Peu après, je fus ordonné et commençai mon ministère à Ivanhœ, en Illinois, dans la banlieue de Chicago. Au bout quatre ans et demi de service, on me demanda de mettre sur pied une nouvelle église protestante dans le comté d'Orange, en Californie. Peu familier avec la Côte Ouest, je décidai de visiter le secteur. J'y vis des maisons qui surgissaient des orangeraies, et constatai qu'allait bientôt se produire là une fantastique explosion de la population. Je constatai aussi qu'il ne serait pas facile d'établir une église dans cette région. Toujours indécis, je retournai à Chicago. Ce soir-là, dans le train, je priai avec ferveur, demandant à Dieu qu'il m'indique si oui ou non je devais accepter le ministère en Californie.

Il était presque minuit lorsque je reçus la réponse à ma question. À ce moment, je me trouvais dans la couchette supérieure du wagon de la compagnie Santa Fe et je regardais par la fenêtre. Le train était arrêté dans les montagnes de l'Arizona. La pleine lune éclairait les pins recouverts de neige. Soudain, un chevreuil surgit de derrière un arbre et bondit, éclairé par la lune, soulevant la neige sur son passage. Me rappelant alors l'expérience de Georgre Truett, je me souvins de cette pensée axée sur la possibilité:

Les plus grandes églises restent à construire.

J'étais convaincu. Par la grâce de Dieu, la prière que j'avais faite à l'âge de cinq ans venait d'être exaucée. J'avais l'occasion de construire une grande église. Ma décision était prise. Nous accepterions ce défi et nous déménagerions en Californie. Nous fonderions une nouvelle église. À ma descente du train à Chicago, ma femme pouvait lire ma décision sur mon visage. « Je vois que nous irons en Californie, chéri ! » me dit-elle.

Les routes menant de l'Illinois à la Californie peuvent être dangereuses en février, mais tout se passa bien; la température était clémente. À Sioux City, en Iowa, je stationnai devant un magasin d'instruments musicaux. J'avais en poche quatre cents dollars, un cadeau d'adieu de notre congrégation de Chicago. Le propriétaire du magasin, mon ami Howard Duven, me vendit un petit orgue électronique, à ces conditions qui étaient les miennes : quatre cents dollars comptants et quarante-cinq dollars par mois pendant trente-six mois ; il ferait livrer l'instrument en Californie.

Le 27 février, nous arrivâmes dans notre vieille Chevrolet, à la petite maison que ma congrégation, l'Église réformée, nous avait trouvée en attendant que nous puissions construire notre propre maison. Le groupe nous fit aussi cadeau d'un chèque de cinq cents dollars.

Des gens plus avisés que moi considéraient mon affiliation à cette congrégation comme un sérieux inconvénient. Car l'Église réformée d'Amérique ne comptait que 200 000 membres dans tout le pays. Ma première tâche, à mon arrivée à Garden Grove, consistait à recruter les habitants qui se réclamaient de cette religion. Je ne pus trouver que deux familles non répertoriées, appartenant à cette religion. Comment pourrions-nous attirer les gens à nous ? Il était évident que les méthodistes, les presbytériens, les épiscopaliens, les baptistes, les luthériens et les catholiques iraient tous à leurs propres églises. Qui viendrait à notre église ? Les réformés ? Mais il n'y en avait que deux ! Et nous ne pouvions compter que sur l'arrivée, dans le secteur, de soixante-quinze familles, au maximum, au cours des dix prochaines années ! Comment pourrions-nous réussir ? Statistiquement, il était démontré que la moitié des Américains n'avaient aucune affiliation religieuse. La réponse nous est alors venue rapidement et clairement. Ces milliers de personnes étaient notre espoir. Nous allions devoir attirer l'attention et gagner la confiance des gens qui, pour une raison ou pour une autre, ne s'étaient jamais, jusque là, intéressés à la religion organisée.

Trois jours après notre arrivée, l'orgue nous fut livré. Je fis le bilan : Une épouse, un orgue à crédit, cinq cents dollars et la liberté de les dépenser comme bon me semblait.

Tout ce qu'il me restait à faire était de trouver une salle disponible et de commencer à prêcher. « Non, Bob, me dirent mes conseillers, sur place. Il n'y a pas de salles disponibles où prêcher. Nous en avons cherché avant ton arrivée et n'en avons pas trouvé. » RIEN : Quel constat d'impossibilité ! Je refusai d'accepter ce conseil négatif. Quatre jours après mon arrivée en Californie, je commençai à chercher un endroit où je pourrais officier. Il devait sûrement y avoir un endroit. Je commençai à pratiquer la pensée axée sur la possibilité.

Premièrement, je dressai la liste de tous les endroits possibles où je pourrais officier. Je communiquai avec la commission scolaire et j'appris que la loi californienne ne permet pas que l'on utilise un établissement scolaire pour des motifs religieux. Possibilité n° 1 écartée.

Je me rappelai que les adventistes du septième jour tenaient leurs cérémonies religieuses le samedi; leurs édifices devaient donc être libres le dimanche. J'arrivai trop tard : Les presbytériens les utilisaient. Possibilité n° 2 écartée.

Ensuite, la chapelle mortuaire. Les baptistes m'avaient devancé. Possibilité n° 3 écartée.

Ensuite, la salle de réunion des Moose. Là aussi, j'avais été pris de vitesse. Possibilité n° 4 écartée.

J'en étais à la possibilité n° 5. Cinq ans auparavant, lors de notre lune de miel, ma femme et moi avions assisté à des offices religieux dans un cinéma en plein air de Spirit Lake, en Iowa. Je me mis à la recherche d'un cinéma en plein air. À trois kilomètres à l'est de notre nouvelle résidence californienne, je trouvai l'Orange Drive-In Theatre. Le gérant accueillit ma requête poliment, mais non sans étonnement. Une semaine plus tard, il me téléphona et me dit : « Il est à vous pour le dimanche. »

« Merci beaucoup, je vais le prendre », lui répondis-je.

Immédiatement je sentis que cela était le commencement de quelque chose de nouveau et d'emballant. Je fis promptement et sans aucune modestie ma première annonce publique : « Dans trois semaines nous allons mettre sur pied ce qui sera la plus extraordinaire et la plus vivifiante église protestante du comté d'Orange. » J'ajoutai : « Rendez-vous tels que vous êtes dans la voiture familiale. »

Les annonces étaient précises : « Le dimanche 27 mars 1955, à 11 h auront lieu les premières cérémonies religieuses de l'Église réformée à l'Orange Drive-In Theatre. »

Les réactions commencèrent bientôt à affluer de divers leaders laïques et religieux. « Quoi ? Une église en plein air ? Je n'ai jamais vu une telle chose ! »

« J'ai entendu dire que vous alliez devoir commencer dans un cinéma en plein air. Pauvre homme. C'est bien dommage que vous n'ayez pu trouver une salle quelconque », me dit un membre du clergé.

Je fus plaint et critiqué par des membres de ma congrégation qui avaient eu vent de la nouvelle selon laquelle j'allais devoir prêcher à partir du toit goudronné du restaurant d'un cinéma en plein air. « Quelle triste manière de commencer », me dirent-ils. Et telle fut la réaction générale des hommes d'église qui sympathisaient le plus avec moi.

Huit jours avant l'inauguration de ma nouvelle église, je reçus la visite décourageante d'un ami qui était aussi ministre protestant. Il était le penseur axé sur l'impossibilité le plus sincère que j'aie jamais connu.

« Qu'est-ce qu'on me raconte, Bob ? Tu n'as pas vraiment l'intention de mettre sur pied une nouvelle église dans un cinéma en plein air, n'est-ce pas ? » me demanda-t-il, visiblement choqué. Me fixant d'un regard réprobateur, il me sermonna en me disant qu'un tel endroit n'était rien d'autre qu'un lieu de débauche. Je lui rappelai que saint Paul avait prêché sur la colline de Mars, « qui n'était pas un endroit très saint. » Mes simples arguments le laissèrent inébranlable. Il entreprit, pendant deux heures, de me démontrer que mon idée était mauvaise. Il me laissa un inestimable exemple de la manière dont fonctionne un penseur axé sur l'impossibilité. Il m'avertit que cela ne pouvait possiblement marcher. Il utilisa son imagination axée sur l'impossibilité pour inventer toutes sortes de raisons indiquant que ma décision était mauvaise.

Lorsque mon ami prédicateur à l'esprit négatif s'en alla, je découvris que j'avais été infecté. La pensée axée sur l'impossibilité est une maladie très contagieuse.

Au cours de la nuit du samedi, je dormis mal. Mon ami m'avait rempli l'esprit de cette crainte qui détruit la confiance. Mais que pouvais-je faire? Les annonces avaient été faites. J'avais presque tout dépensé les cinq cents dollars qu'on m'avait donnés: Vingt-cinq dollars furent dépensés pour l'achat d'une remorque de fabrication domestique qui servirait au transport de l'orgue vers le cinéma; soixante-dix dollars pour l'achat d'un microphone que je pourrais brancher sur la sono du cinéma; cent dollars pour l'achat du bois avec lequel j'avais déjà construit une chaire, un autel et une croix de sept mètres que je comptais ériger sur le toit du restaurant. J'étais accablé, je doutais de moi-même. Je ne m'endormis pas avant trois heures le dimanche matin.

« Allons écouter Ray Lindquist à l'église presbytérienne de Hollywood», suggérai-je à ma femme au moment du petit déjeuner. Chemin faisant, nous nous demandions quel genre d'assistance nous aurions au cinéma en plein air le dimanche suivant. Assis sur un des bancs de la plus grande église presbytérienne, nous étions occupés à consulter le bulletin du jour qui annonçait en gros titres: « La formule de Dieu pour la confiance en soi. » Très bien ! Un peu d'assurance ne me ferait certainement pas de tort. Le ministre commença par une citation qui allait m'accompagner toute la semaine, toute l'année, toute ma vie: « J'en suis bien sûr d'ailleurs, Celui qui a commencé en vous cette œuvre excellente en poursuivra l'accomplissement jusqu'au Jour du Christ Jésus. » (Philippiens 1:6) S'adressant à l'auditoire, le docteur Lindquist ajouta: « Dieu vous a donné le départ dans la vie, Dieu vous a aidés à vous rendre là où vous êtes, et vous pouvez être certains que Dieu ne vous abandonnera pas. »

« Dieu ne vous abandonnera pas. Vous pouvez abandonner Dieu, mais Dieu ne peut vous abandonner. » Ces paroles eurent vraiment pour effet de guérir mon esprit, qui s'était laissé envahir par cette infection de la crainte. Je redevins un penseur axé sur la possibilité. Une fois de plus, je vis la possibilité de faire équipe avec Dieu pour accomplir un miracle dans le comté d'Orange.

La semaine suivante, j'étais très affairé à organiser les cérémonies du dimanche qui arrivait. Le samedi soir, je me rendis dans le garage et je promenai ma main sur l'acajou poli de l'orgue, que l'on avait fermement fixé à la remorque. Je vérifiai la banquette arrière de ma voiture. Elle était pleine d'objets : plateaux de quête, Bible, microphone, imperméables et parapluies. Je vérifiai la pression d'air des pneus de la remorque.

« Combien de personnes penses-tu qu'il viendra demain matin ? » me demanda ma femme au moment où je rentrais à l'intérieur.

Je lui répondis que l'on pouvait compter sur la participation des trente membres du chœur de Los Angeles qui avaient accepté de nous porter assistance, côté musique, et à qui j'avais demandé de se rendre avec le plus grand nombre de voitures possible afin que le cinéma n'ait pas l'air complètement vide. J'ajoutai en riant que je m'attendais à ce qu'ils arrivent avec dix ou vingt voitures supplémentaires.

« De quel sujet vas-tu parler demain matin ? » me demanda encore ma femme. Je récitai mon texte : « Si vous avez la foi d'un grain de sénevé, vous pouvez dire à cette montagne de se déplacer, et elle se déplacera ; rien ne vous sera impossible. »

Au cours de la nuit, je me réveillai et me surpris à penser : « Celui qui a commencé en vous cette œuvre excellente en poursuivra l'accomplissement jusqu'au Jour du Christ Jésus. » Puis je retombai dans un sommeil profond et calme.

L'après-midi suivant, ma femme et moi étions assis à la table de la cuisine, comptant les recettes de la quête. « Environ cinquante voitures. C'est-à-dire environ vingt familles venues d'un peu partout. Il y en a qui reviendront. Remercions Dieu qu'il n'ait pas plu. Dans deux semaines, ce sera Pâques. Nous allons réussir, chérie ! » Cet enthousiasme dont je faisais preuve fut renforcé une fois l'argent compté : 83,75 $. Un vrai succès.

Ce n'était pas l'avis de mon ami dont la pensée était axée sur l'impossibilité. Il appela le lendemain pour demander comment les choses s'étaient déroulées. Je lui dis : « Plus de cent personnes en tout. » (Je ne lui dis pas que ce chiffre incluait le chœur.)

« C'est tout ? » se lamenta-t-il, en ajoutant avec une sympathie condescendante : « Eh bien, qu'espérer de plus dans un cinéma en plein air ? »

« Mais c'est une augmentation de cent pour cent par rapport à la semaine dernière, protestai-je ; puis j'ajoutai : « Quelle augmentation as-tu eue hier par rapport à la semaine précédente ? » Il admit que le nombre de ses fidèles était quelque peu à la baisse et ce pour une raison étrange qu'il n'arrivait pas encore à identifier.

Après que j'eus raccroché le récepteur, je retournai à ma machine à écrire et rédigeai un communiqué de presse qui pouvait se lire comme suit : « La première église en plein air de la Californie du Sud a vu le jour hier, accueillant plus de cinquante automobiles. »

Nous étions enfin sur notre lancée. C'était le début de quelque chose de grand. Nous le sentions. Nous le savions. Il en était de même pour ceux qui était venus nous voir.

Des changements rapides survinrent pendant les quelques mois qui suivirent. Grâce à des fonds empruntés à la congrégation, nous fîmes l'acquisition de deux acres de terrain, sur lesquels nous comptions ériger notre église.

J'avais entendu parler d'un excellent architecte qui se trouvait à Long Beach ; je décidai donc de me rendre à son bureau et l'abordai comme suit : « J'ai vingt-huit ans, monsieur, et je n'ai pas d'argent. Prendriez-vous le risque de nous dessiner les plans d'une très belle chapelle ? » Richard Shelley prit ce risque, même s'il savait que mon salaire n'était que de trois cents dollars par moi. Je signai un contrat stipulant que je lui verserais en tout et pour tout plus de quatre mille dollars. Lorsque je reçus une première facture, j'en informai le petit groupe de nos fidèles qui amassèrent alors une somme de mille dollars destinée à la payer. À la remise du plan final, une nouvelle quête rapporta les trois mille dollars qui manquaient. Les plans en mains, nous décidâmes d'emprunter l'argent nécessaire à la construction de notre première chapelle. Six mois plus tard, c'est-à-dire après dix-huit mois d'offices religieux en plein air, la chapelle était terminée. L'excitation augmentait alors que la communauté, qui s'élevait maintenant à deux cents membres, s'apprêtait à prendre possession de sa merveilleuse nouvelle église.

À cette époque, je fis aussi la connaissance de Rosie Gray.

Tout commenca par un appel téléphonique qui disait: « Vous ne me connaissez pas, révérend, mais je m'appelle Warren Gray. Ma femme et moi fréquentons votre église depuis sa fondation, soit depuis ce premier dimanche où vous avez prêché en plein air. Nous habitons à trente-cinq kilomètres du cinéma qui vous servit de lieu de culte. Je sais que c'est loin, mais pourriez-vous venir nous voir ? »

Lorsque j'arrivai à la vieille maison de ferme, Warren m'attendait sur le balcon. Lorsque je m'approchai de lui, il retira respectueusement son vieux chapeau de feutre, me serra la main et me dit : « Avant de vous présenter ma femme, je voudrais vous dire qu'elle ne peut marcher et ne peut parler. Vous voyez, elle a été victime d'une attaque cardiaque il y a quelques années. Elle ne peut qu'émettre quelques grognements, pleurer et sourire un peu. Mais elle a toute sa tête. Nous fréquentons régulièrement l'église. Je suis vieux mais encore fort. Je la prends dans mes bras, l'installe dans l'auto et nous allons vous écouter parler de la foi. C'est merveilleux. Nous voulons être membres de votre église. »

Je suivis monsieur Gray dans la maison. Rosie, sa femme, était là, assise dans son fauteuil. Elle avait la tête baissée sur sa poitrine. Ses yeux étaient fixes et elle ne pouvait tourner la tête. Sa bouche béait. Elle semblait droguée et hébétée.

« Bonjour, Rosie, lui dis-je, je suis le révérend Schuller. »

En réponse à mes paroles, elle tenta d'esquisser un faible sourire.

« Vous voulez être membre de l'église, Rosie? » lui demandai-je, encore.

Ce à quoi elle me répondit de la façon suivante : Elle leva les yeux, qui croisèrent mon regard, et des larmes coulèrent lentement sur ses joues. Malgré ses lèvres paralysées qui s'efforçaient vainement de prononcer quelques mots, elle parvint à émettre un son plaintif. L'amour de Dieu qui rayonnait sur sa figure me fit comprendre ce qu'elle essayait de me dire.

Deux semaines plus tard, nous baptisions Rosie et son mari dans leur auto.

Nous comptions désormais 202 membres.

La semaine suivante, lors d'une réunion du conseil pendant laquelle il fut question de l'inauguration prochaine de notre merveilleuse nouvelle chapelle, quelqu'un demanda : « Qu'allons-nous faire à propos de Rosie Gray ? » Il y eut beaucoup de suggestions. On émit par exemple l'idée qu'elle pouvait suivre des offices religieux à la télévision. Quelqu'un dit aussi : « Pourquoi ne pas fixer l'heure des offices à 9 heures, soit de neuf heures à dix heures trente ; cela laisserait au Révérend Schuller la possibilité d'officier au cinéma en plein air de onze heures à midi pour Rosie. Il y en a peut-être d'autres qui ont un besoin similaire, et qui préfèrent rester dans leur auto. »

Je ne me souviens pas de la personne qui fit cette suggestion, mais je me souviens que l'idée fut adoptée.

Ce qui fait que dix-huit mois après mon arrivée en Californie, je me retrouvais avec deux groupes de fidèles se réunissant en deux endroits différents, à quatre kilomètres l'un de l'autre !

Une année passa. Tous les dimanches, c'était le même scénario : Je tenais un office religieux de neuf heures trente à dix heures trente devant deux cents personnes rassemblées dans la chapelle. Puis j'effectuais une course folle (dans ma voiture qui traînait une remorque dans laquelle se trouvait l'orgue) jusqu'au cinéma en plein air ou deux cents autres fidèles attendaient le début de l'office, prévu pour onze heures. Après trois autres années de ce manège, le rêve commença à se développer dans mon esprit. Pourquoi ne pas réunir le groupe de la chapelle et celui du cinéma dans un même endroit ? Après tout, lorsque J. Wallace Hamilton, de la St. Petersburg Community Church, en Floride, avait découvert que son église était trop petite pour accueillir la foule qui augmentait sans cesse, il avait installé des haut-parleurs dans le stationnement. Les gens assistaient à l'office, de leur auto. L'office s'adressait simultanément aux fidèles se trouvant à l'intérieur et à ceux qui étaient à l'extérieur.

Pourquoi ne pas trouver un grand architecte pour concevoir une église pouvant accommoder ceux qui désiraient assister à l'office de leur automobile ? Il y avait ceux qui ne pouvaient marcher, ceux qui ne pouvaient laisser leurs nouveaux-nés à la maison sans surveillance, ceux qui avaient de la difficulté à se mêler et à parler aux autres, ceux qui travaillaient et n'avaient pas le temps de passer des vêtements présentables. Pour ceux-là, c'était une bénédiction que d'être en mesure de rester dans leur auto pour assister à l'office. Sinon ils risquaient de ne pas fréquenter l'église. Pour les autres, il y aurait des bancs et des facilités plus conventionnels.

Le rêve commença à prendre forme dans mon esprit. Je pouvais imaginer un sanctuaire avec des murs de verre ; des jardins, des fontaines qui jaillissaient dans le soleil, des cloches au sommet de tours ouvertes, tout cela sur un grand terrain ombragé par les arbres. Bien que je me sentais impatient de partager mon rêve, je n'osais en parler. Cela dura jusqu'au jour où je remarquai dans une église un calendrier qui portait l'inscription suivante:

> *Je préfère entreprendre quelque chose de grand et échouer, plutôt que de ne rien entreprendre et ne rien réussir !*

Cela changea tout. Je commençai à discuter de mon projet avec des gens compétents, des penseurs axés sur la possibilité, y compris des architectes, et devins très rapidement convaincu que mon idée était valable et réalisable. Avec l'aide de Dieu, j'étais déterminé à faire de ce projet une réussite, dussai-je y consacrer toute ma vie, toute mon énergie et mon dernier cent.

Franchissant une première étape, je partageai avec enthousiasme le rêve que je caressais avec les membres de notre église ; je le fis au moyen d'un sermon intitulé: «Comment réaliser vos rêves.» Je me servis du rêve d'une église intérieure-extérieure pour illustrer mon propos. «Peut-être Dieu apprécierait-il une église où les fidèles pourraient le vénérer tant à l'intérieur qu'à l'extérieur. Peut-être Dieu apprécierait-il que nous développions quelque chose d'entièrement nouveau, visant à combler un besoin. L'église pourrait être un endroit incomparable de paix et de beauté.»

Une fois informés du projet, les penseurs axés sur la possibilité n'allaient pas laisser mourir le rêve. «Tenons une réunion des membres de l'église pour discuter de la proposition», dirent-ils. C'était sage. (Une personne intelligente ne peut s'objecter à la tenue d'une réunion visant à discuter d'une proposition positive.) La réunion eut lieu et *nous nous concentrâmes sur le problème à résoudre.* Nous eûmes à tenir compte des faits. Fait numéro un : Nous avions deux groupes de fidèles se réunissant tous les dimanches matins dans deux endroits différents. Fait numéro deux : L'église en plein air répondait à un besoin vital. Fait numéro trois : Certains membres de l'église avaient besoin des offices en plein air. Quatrième fait : Nous ne savions pas si nous pourrions utiliser encore longtemps le cinéma en plein air. Nous n'avions pas de bail. On pouvait nous apprendre d'un jour à l'autre que l'endroit n'était plus disponible. Fait numéro cinq : Je ne pouvais continuer à perpétuité, en tant que pasteur, à desservir deux groupes de plus en plus importants de fidèles se trouvant à deux endroits distincts.

Nous en vînmes à considérer trois solutions possibles à ces problèmes :

1. Diviser les deux groupes en deux églises distinctes.
2. Laisser tomber les offices en plein air.
3. Réunir les deux groupes en un seul endroit, une église intérieure-extérieure, et laisser à Dieu l'occasion de nous montrer comment procéder. Nous n'aurions alors qu'à laisser Dieu nous indiquer les bienfaits possibles d'une telle aventure et les manières possibles de la réaliser.

Pendant que les membres discutaient des trois propositions, un penseur axé sur la possibilité, le docteur Wilfred Landrus, prenait des notes sur un bout de papier. Après que les diverses alternatives eureut été honnêtement débattues et que la réunion fût devenue plus calme (ce qui se produit souvent lors d'une réunion génératrice de tensions où l'on discute de problèmes), le docteur Landrus se leva et, lisant ses notes, dit : « Monsieur le président, je suggère que cette assemblée, avec l'aide de Dieu, se déclare favorable à l'idée proposée et accepte que soit effectuée une étude approfondie visant à déterminer si l'acquisition d'une propriété dans le but mentionné s'avère une entreprise réalisable. » Après un nouveau débat, on passa au vote. Il y eut cinquante-cinq votes favorables, contre quarante-six votes défavorables. Par une faible majorité, l'étude fut acceptée.

L'assemblée partagée se dispersa, alors que je restai seul à prier dans la chapelle sombre. En me levant pour m'en aller, j'aperçus le bout de papier contenant la proposition du docteur Landrus. Je le ramassai et le mis dans ma poche. J'avais le sentiment qu'il s'agissait d'un document important pour moi et les autres.

Donc, un grand projet commençait : une idée, une réunion et une motion adoptée.

L'opposition ne tarda pas à se manifester. Heureusement, les appuis étaient encore plus nombreux. Un agent d'immeubles me téléphona et me fit une offre : « Si votre projet est sérieux, je connais un beau terrain de dix acres que vous pouvez acquérir pour soixante-six mille dollars, dix-neuf mille comptants et quatre cents par mois pendant quinze ans. Si vous pouvez déposer mille dollars maintenant, pour une période de cent vingts jours, le terrain est à vous. Si, pendant ces cent vingts jours, vous ne réussisez pas à réunir le comptant requis, c'est-à-dire dix-huit mille dollars de plus, vous perdrez bien sûr vos mille dollars qui confirment votre offre d'achat. » La proposition fut soumise aux membres.

Il y avait ceux qui prônaient la prudence. « Ne nous engageons pas avant d'avoir réuni les dix-neuf mille dollars. *Ne risquons pas de perdre mille dollars.* »

Mais il y avait aussi ceux qui étaient d'avis contraire: « Acceptons l'offre aujourd'hui. Nous avons mille cents dollars en banque. Prenons mille dollars avec la conviction qu'au cours des cent dix-neuf jours qui viennent nous pourrons réunir les dix-huit mille dollars manquants. *Ne risquons pas de rater l'occasion.* Si nous attendons d'avoir toute la somme en mains, il sera peut-être trop tard. » Par un vote serré et tumultueux, cette seconde opinion l'emporta. Le matin suivant, mille dollars étaient retirés de la banque et versés. Il nous restait 119 jours pour réunir dix-huit mille dollars.

Trois mois et demi s'écoulèrent. Nous avions amassé douze mille dollars. Le conseil de l'église m'autorisa à déposer les dix-huit mille dollars aussitôt que la somme serait complète. Cent quinze jours passèrent. Je vendis mes polices d'assurance familiale. J'avais maintenant épuisé toutes les ressources. Et nous n'avions que quinze mille dollars.

Le jour fatidique arriva. À midi, il me manquait encore les trois mille dollars qui auraient permis de compléter la somme. Dans quatre heures, les bureaux fermeraient leurs portes pour la fin de semaine. Je voyais l'occasion m'échapper pour toujours. Je me rendis à une cabine téléphonique et appelai ma femme. « Chérie, tout indique que nous n'y arriverons pas. »

« Appelle monsieur Gray », dit-elle.

« Mais je ne peux pas », répondis-je. Deux semaines auparavant, Warren Gray avait obtenu son congé de l'hôpital, où on lui avait découvert un cancer incurable. « Bob, je sais que Dieu veut cette propriété. Et je sais que tu dois appeler monsieur Gray », dit ma femme avec insistance.

Je raccrochai le combiné. Je priai calmement. Je composai le numéro. J'avais les larmes aux yeux. Je voulais pleurer. Mes lèvres tremblaient. Le téléphone du ranch sonna. Je fis mon bref message à l'infirmière qui m'avait répondu et elle me dit : « Un moment. Je crois que Warren voudra vous parler. »

Un moment plus tard, la faible foix du vieux fermier malade se fit entendre. « J'ai de bonnes nouvelles pour vous, Warren, lui dis-je. Je vais vous remettre les deux mille dollars dont vous m'avez fait don pour l'achat du terrain. Vous voyez, le dernier jour est arrivé et nous n'avons pas atteint notre objectif », ajoutai-je, essayant d'être courageux.

« Oh ! non, révérend ! objecta la faible voix. Je peux faire plus. Rencontrons-nous au bureau de la Bank of America, sur la rue North Main, à Santa Ana, dans une heure environ. J'ai trois mille dollars pour vous. »

Hébété, je parcourus à pied les quatre coins de rue qui me séparaient de la banque. Warren arriva, se dirigea vers un guichet et me remit les trois mille dollars en me disant : « Révérend, je crois que Dieu veut ces dix acres de terrain. Et Rosie a besoin de l'église en plein air. Et lorsque Rosie ne sera plus là, il y en aura d'autres comme elle. » Puis il sortit et retourna à sa maison de ferme, à trente kilomètres de là, et je me rendis à pied à l'Orange County Title and Trust Company pour y déposer les dix-huit mille dollars requis une heure avant la fin de la période de 120 jours. Voilà donc comment Dieu prit possession de ses dix acres de terrain.

Nous avions surmonté, dans la poursuite de notre projet, bien des obstacles. Deux réunions tumultueuses des membres de l'église étaient maintenant choses du passé. Un obstacle demeurait cependant: la vente de notre chapelle construite depuis trois ans. La vente de propriétés nécessitait l'approbation de la congrégation. Une assemblée des dirigeants de la congrégation fut organisée. Les opposants s'élevaient contre le «projet de Schuller». Ils bénéficiaient de l'appui de quelques hommes d'église traditionnels qui voyaient un certain danger dans une église en plein air. Mais une motion autorisant la vente de la propriété fut soumise; après un débat animé, l'on passa au vote. «Ceux qui sont en faveur l'emportent», déclara le président de l'assemblée. Avant que l'on puisse passer à la prière de clôture, je vis cinq des membres dirigeants de l'église se lever et quitter la pièce. Le lendemain matin, à mon arrivée au bureau, j'y trouvai le procès-verbal de l'assemblée. Le secrétaire du conseil démissionnait. J'y trouvai aussi les états financiers. Le trésorier démissionnait. Il y avait également une lettre du vice-président, qui démissionnait lui aussi. L'accablement s'empara de moi. Les trois dirigeants de l'église abandonnaient à cause de moi.

Le téléphone sonna. Sans que je sache pourquoi, ma secrétaire était en retard. Je répondis. C'était ma secrétaire. «Désolée, Bob, je t'estime infiniment, mais avec cette tension je ne peux plus continuer ce travail. Je suis désolée.» Et elle raccrocha. Je ne me suis jamais senti aussi seul de ma vie.

Soudain, dans ce moment difficile, je me rappelai un verset de la Bible que j'avais appris tout jeune: «Celui qui met la main à la charrue et regarde en arrière n'est pas digne du Royaume de Dieu.» Je dactylographiai ces mots et je glissai la feuille sous la plaque de verre de mon bureau, la lisant une douzaine de fois par jour. Ces mots me donnèrent une *foi persistante*. Et à côté de ce verset, j'écrivis ces mots du docteur Butler, de l'Université Baylor: «Lorsque des difficultés surviennent, ne bougez pas. Les gens et les tensions ne font que passer, mais le sol demeure le même où que vous soyez.» Comme si cela avait été insuffisant, j'ajoutai cette vieille phrase qu'étudiants, nous nous répétions dans le gymnase: «Ceux qui gagnent n'abandonnent jamais et ceux qui abandonnent ne gagnent jamais.»

Cependant, je voyais l'église se désagréger, et nos rêves sur le point de provoquer un désastre. «Dites-moi, Seigneur, ce que vous voulez que je fasse!» priai-je. «Je bâtirai *mon* église!» Ces paroles de Jésus-Christ me frappèrent en plein front. Jusqu'à ce moment, j'avais eu l'impression d'être à la tête de mon église. N'avais-je pas fondé cette église? N'étais-je pas moi-même allé recruter les premiers cinq, dix, quinze, vingt membres qui la constituaient? N'avais-je pas personnellement effectué la mise initiale et les versements subséquents sur l'orgue? Et n'étais-je pas le président de la corporation et du conseil d'administration de cette même église?

Maintenant je réalisais que Jésus-Christ m'offrait de prendre en charge les énormes responsabilités de la direction de l'église. Peut-être ma réaction à ce moment futelle exagérée, mais j'avoue m'être levé et avoir dit à Jésus-Christ en lui indiquant de la main mon fauteuil vide: « Voilà, Seigneur, assoyez-vous. Si vous désirez que cette église se construise, c'est merveilleux. Et si, pour quelque raison que ce soit, vous ne voulez pas que ce rêve se matérialise, je l'accepterai aussi. Pour le moment, je serais extrêmement soulagé si vous preniez la relève et le commandement des opérations. »

Puis je quittai mon bureau et je pris des vacances, convaincu que le rêve de l'Église était maintenant entre les mains de Jésus-Christ.

Dix jours plus tard, l'infranchissable montagne commença à se déplacer. D'une merveilleuse manière, les problèmes commencèrent à s'estomper.

La vente de notre chapelle nous rapporta un bon profit. Les plans d'une merveilleuse église intérieure-extérieure furent complétés et approuvés. Peu après nous annoncions la cérémonie de la première pelletée de terre qui allait donner le coup d'envoi à une institution d'un million de dollars spécialisée dans l'inspiration.

Cent automobiles environ envahirent le site de dix acres pour l'occasion. Maintenus par des piquets, de longs rubans délimitaient l'endroit où l'édifice serait construit. Cérémonieusement, on retira du sol une première pelletée de terre, que des photographies immortalisèrent. Nous étions en marche, et tout cela grâce à une femme qui ne pouvait ni marcher ni parler.

Il y eut toutefois un motif de tristesse. Rosie Gray était décédée depuis deux jours. Le lendemain du jour où Dieu nous avait poussés à entreprendre notre projet, on enterrait Rosie Gray. Alors que j'assistais à l'enterrement en compagnie de Warren Gray, dans un cimetière de campagne balayé par le vent et situé non loin de l'océan Pacifique, je lui récitai avec beaucoup d'émotion ce vieux proverbe: « Ils servent aussi, ceux qui sont immobiles. »

Deux ans plus tard, le projet était terminé. Nous avions réussi à emprunter les centaines de milliers de dollars nécessaires à la construction de notre église, défiant ainsi les experts en économie qui nous avait prédit qu'il nous serait impossible de le faire. Un morceau de terrain de la taille de quatre pâtés de maisons fut nivelé, pavé et paysagé. Sous terre, on installa quinze kilomètres de câbles électriques et quinze kilomètres de tuyaux, d'égoûts et de conduits électriques. On installa aussi deux cents mètres de rues, de trottoirs, de caniveaux, de conduits d'eau et de gaz. Nous disposions maintenant d'une grande cathédrale de verre pouvant accommoder un millier de personnes et d'un parc de stationnement paysagé muni de plus de cent enceintes accoustiques haute-fidélité qui allaient livrer notre message aux fidèles assis dans leurs voitures. Quatre tours à clochers, hautes de trente mètres chacune et munies de douzes cloches, se profilaient sur l'horizon. Douze fontaines, destinées à nous rappeler les douze hommes ordinaires qui étaient devenus les leaders extraordinaires de la religion chrétienne, jaillissaient d'un long bassin qui longeait les soixante-quinze mètres de longueur de la muraille orientale du sanctuaire. Maintenant que le travail était fini, serait-ce une réussite ?

Le matin du 5 novembre 1961, Norman Vincent Peale arriva de New York par avion et vint prononcer le premier sermon qui fut prononcé de la chaire de cette église, qui ne ressemblait à aucune autre jamais construite dans l'histoire de la religion. Il monta en chaire et aperçut un parc de stationnement où se trouvaient cinq cents voitures contenant plus de deux mille fidèles. Il regarda ensuite dans le sanctuaire où s'entassaient plus de mille personnes. Le chœur chantait : « Saint, Saint, Saint. » J'appuyai sur un bouton, et deux sections du mur de verre, hautes de sept mètres chacune, s'écartèrent, comme un ange entrouvrant ses ailes. Maintenant l'officiant pouvait voir parfaitement les fidèles qui étaient à l'extérieur, de même que ceux qui prenaient place à l'intérieur. Ça marchait. Merveilleusement. Les quatre mille personnes qui étaient là en étaient convaincues : C'était une réussite. Une poignée de penseurs axés sur la possibilité avaient testé et démontré l'efficacité de la pensée axée sur la possibilité. Aujourd'hui, un personnel de cinq ministres dessert chaque semaine six mille fidèles dans cette église. Notre propriété est évaluée à plus d'un million et demi de dollars, et nous comptons construire encore.

Qu'est-ce que tout cela prouve? Qu'il est possible d'accomplir des choses apparemment impossibles grâce à la pensée axée sur la possibilité. Qu'une personne qui semble aussi inutile que Rosie Gray peut être utilisée par Dieu pour accomplir de très grandes choses.

Cela prouve que Dieu tient ses promesses. « Celui qui a commencé en vous cette œuvre excellente en poursuivra l'accomplissement. »

Qu'est-ce que cela vous révèle? J'espère que cela vous révèle que vous aussi pouvez réaliser vos rêves.

Si vous avez autant de foi qu'un grain de sénevé, vous pouvez dire à cette montagne de se déplacer, et rien ne vous sera impossible.

Qu'aimeriez-vous construire ? Une église ? Probablement pas. Une entreprise ? Une carrière ? Un foyer ? Un mariage ? Une bonne réputation ? Une vie qui aurait vraiment un sens ?

Alors vous le pouvez !

La première étape consiste à vous débarrasser de ce complexe d'impossibilité.

3

Le traitement du complexe d'impossibilité en huit étapes

Vous savez maintenant qu'il existe deux sortes de penseurs dans le monde : *Ceux qui axent leur pensée sur la possibilité* et *ceux qui axent leur pensée sur l'impossibilité.* À quel groupe croyez-vous pour votre part appartenir ?

Pour le découvrir, effectuez ce test. Répondez honnêtement à ces questions :

1. Est-ce que je cherche des raisons de croire que quelque chose est impossible à accomplir plutôt que de chercher des manières de l'accomplir ?

2. M'arrive-t-il de prendre des décisions dictées par la crainte ?

3. Ai-je tendance à résister aux nouvelles idées et à préférer faire les choses comme je les ai toujours faites ?

4. Est-ce que je progresse uniquement lorsque j'ai tous les faits en mains ?

5. Ai-je tendance à exiger une garantie de réussite avant d'entreprendre quelque chose ?

6. Est-ce que je pense à l'opposition à laquelle je devrai faire face plutôt que de penser aux appuis sur lesquels je pourrais compter ?

7. M'arrive-t-il de refuser une idée simplement parce que je ne l'aime pas, parce que mon opinion est déjà faite ou parce que j'avais prévu autre chose ?

8. M'arrive-t-il de refuser une proposition avant même d'en connaître les divers aspects ?

9. Est-ce que je mets l'accent sur les inconvénients que comporte un projet et refuse d'en examiner les avantages ?

10. M'arrive-t-il de prendre des décisions négatives parce que je suis fatigué et que c'est plus facile ?

11. Si je ne puis trouver de solution à un problème, ai-je tendance à le négliger ?

12. Est-ce que je crois que la nature humaine ne peut pas vraiment être changée, que la vie d'un homme ne peut être transformée ?

Si vous avez répondu par l'affirmative à plusieurs de ces questions, il est de fortes chances que vous souffriez d'un complexe d'impossibilité.

Toutefois, il vous est possible de surmonter ce complexe d'impossibilité. Il vous est possible si vous le désirez de devenir un penseur axé sur la possibilité.

La ferme discipline génère une force fantastique.

Pouvons-nous nous défaire d'un mode de pensée négatif fortement ancré en nous ? En un mot : oui ! Si l'on peut imposer une discipline à un chien, il va de soi que l'on peut en imposer une à un être humain. C'est l'une des vérités que la psychologie pavlovienne a démontrées avec beaucoup de clarté. Le psychologue russe Pavlov a prouvé, lors de ses expériences sur les chiens, qu'il est possible de réorienter complètement le mode de pensée d'un être humain. Alors il a « inventé » une méthode qui est à la base de ce que l'on appelle couramment le « lavage de cerveau ». Cette méthode a été utilisée à des fins discutables par les communistes. Mais elle peut constituer une méthode positive, constructive, apaisante, une source de transformation. En imposant constamment au cerveau des pensées positives, le mode de pensée se transformera éventuellement.

Celui qui axe sa pensée sur l'impossibilité peut se transformer et axer sa pensée sur la possibilité

Essayez maintenant ce traitement du complexe d'impossibilité en huit étapes.

La lecture de ce chapitre ne sera peut-être pas suffisante. Peut-être devrez-vous relire certains passages qui s'appliquent à vous ou qui vous sembleront plus importants. *Lisez-les à haute voix.*

Si vous croyez vraiment en ces huit éléments, si vous appliquez vraiment chacun d'eux religieusement, votre vie se transformera. Le monde qui vous entoure se transformera. Car vous aurez transformé votre façon de penser. La tranformation du mode de pensée transforme tout.

1. DÉBARRASSEZ-VOUS DE VOTRE COMPLEXE D'INFÉRIORITÉ. Si vous êtes capable d'acquérir une ferme confiance en vous-même, vous êtes déjà sur la bonne voie. Pour y par-

venir vous devez vous attaquer à vos complexes d'infériorité. Ne vous laissez pas tromper ou bloquer par ces complexes qui nuisent à votre progrès.

Je suis trop vieux

La vérité est que l'on n'est jamais trop vieux pour changer. Vous n'êtes pas trop vieux pour changer jusqu'à ce que vous abandonniez. Ce n'est que lorsque plus rien vous importe que vous êtes trop vieux. Vous n'êtes vieux que lorsque vous ne désirez plus rien. C'est pourquoi des milliers d'octogénaires ont étonné le monde en dévoilant soudainement des talents qui étaient restés cachés en eux-mêmes pendant plus de quatre-vingts ans. Grandma Moses n'est qu'un de ces exemples de personnes qui à plus de quatre-vingts ans, réussirent dans leur nouvelle entreprise.

Je suis handicapé

Le handicap le plus sérieux que l'on puisse avoir est le complexe d'impossibilité (et vous êtes présentement en train de vous en défaire). Ma femme a un cousin, Frank Vander Maaten. À l'âge de dix-huit ans, il était l'un des meilleurs violonistes du comté de Sioux, en Iowa. Puis un terrible accident se produisit dans la forge de son père. Un fer rougi lui tomba sur la main gauche et lui coupa les quatres doigts avec lesquels il appuyait sur les cordes de son violon ! Cette main ne conserva que son pouce. Handicapé ? Il n'était pas de cet avis ! Il décida d'apprendre à jouer du violon de la main gauche. Et il le fit, tenant l'archet avec sa main mutilée. Il est devenu un éminent violoniste, membre de l'orchestre symphonique de Sioux City, en Iowa.

Un aveugle a dit un jour: « Je croyais, lorsque j'ai perdu la vue, que j'étais condamné à être malheureux. Maintenant j'ai découvert que je suis plus heureux sans la vue. La plupart de mes pensées désagréables me venaient par la vue. Je voyais des nouveautés et j'étais insatisfait de ce que j'avais. Je voyais de beaux visages et je n'aimais pas mon apparence. La plupart des gens ont des pensées agréables dans l'obscurité. Ne fermez-vous pas les yeux lorsque vous embrassez la personne que vous aimez? Ne fermez-vous pas les yeux lorsque vous écoutez de la belle musique? Ne fermez-vous pas les yeux lorsque vous priez? » Cette personne aveugle a appris à peindre sans voir. Vous n'êtes pas handicapé si vous ne croyez pas l'être.

Je n'ai pas le temps, l'argent ou l'énergie nécessaire pour faire ce que je voudrais faire

En êtes-vous certain? Consultez les chapitres de ce livre qui portent sur le temps, l'argent et l'énergie. Lisez-les avec l'esprit ouvert, puis jugez si vous devez accepter de croire à cette pensée axée sur l'impossibilité.

Je viens d'un milieu pauvre

Et après? Le passé d'un individu n'est pas un inconvénient à moins qu'il ne croie qu'il en soit ainsi. Souvenez-vous que tout inconvénient peut être transformé en avantage. Je connais un jeune homme issu d'un milieu très défavorisé, qui aurait pu développer un complexe d'infériorité lorsqu'il arriva à la ville. Mais il était honnête, amical, naturel, chaleureux, et plutôt que de laisser ses antécédents lui nuire, il détourna la situation à son avantage. Je parle de Tennessee Ernie Ford.

Je proviens d'un foyer brisé. J'ai eu une enfance terrible

« Mes parents se querellaient constamment. Au moment de leur divorce je suis passé de foyer en foyer. Je crains de ne pouvoir éviter les problèmes émotifs graves. » Est-ce bien le cas ? Seulement si vous le désirez. Je pense à un enfant qui naquit d'une mère prostituée. La malheureuse femme l'abandonna devant la porte de son père mais l'épouse jalouse de ce dernier jeta le petit garçon à la rue. Il grandit dans les bas fonds, pauvre, rejeté, mal aimé et abandonné de tous. Que s'est-il produit ? Ce garçon rencontra Jésus-Christ ! Le Christ pénétra dans sa vie. Et il devint le plus grand ministre et poète japonais du vingtième siècle. Cet homme, Kagawa, est une inspiration pour des millions de gens.

Je ne connais pas les bonnes personnes

Et alors ? Faites la connaissance de gens importants. N'ayez pas peur. Les gens prospères et importants sont généralement intéressés à aider ceux qui ont de bonnes idées. Il suffit d'avoir le courage d'écrire une lettre, de faire un appel interurbain, d'envoyer un télégramme, et vous serez en contact avec les gens importants qui cherchent constamment à enrichir leur vie grâce à de nouveaux amis, à de nouveaux projets. Les gens vraiment exceptionnels sont intéressés par les idées créatrices et constructives. Le pasteur le plus réputé au monde était sans doute, lors de l'inauguration de notre église, Norman Vincent Peale. Je lui ai écrit une lettre et, à mon grand étonnement, il me répondit immédiatement. Nous sommes devenus de très grands amis. Il m'a été d'un très grand secours. Lorsque j'eus besoin d'un grand architecte, je décidai de m'adresser à celui qui était, à mon avis, le meilleur au monde: Richard Neutra. Je fus étonné de le joindre facilement grâce à un simple appel interurbain. Nous sommes devenus de merveilleux amis. Vous pouvez nouer des liens d'amitié avec des gens célèbres lorsque vous oubliez vos sentiments d'infériorité, que vous rassemblez votre courage et que vous vous présentez avec assurance et enthousiasme.

Ma peau n'est pas de la bonne couleur

« Je ne peux jamais faire vraiment ce que je veux à cause de ma race. » Vraiment? Que voulez-vous faire? Que voulez-vous devenir? Vous pouvez faire ou devenir à peu près tout ce que vous désirez. La pensée axée sur la possibilité est la meilleure arme dont peut se munir celui qui se sent inférieur à cause de sa race ou de sa nationalité. Une fois que vous avez acquis la pensée axée sur la possibilité, votre imagination ne peut plus être dirigée, freinée ou torturée par la pensée axée sur l'impossibilité. Il y a tellement d'exemples de cette vérité parmi les minorités américaines qui axent leur pensée sur la possibilité que l'on ne sait par où commencer. Robert Weaver, le premier Noir américain à avoir obtenu un poste de ministre au gouvernement, raconte que sa mère lui inculqua cette idée lorsqu'il était enfant: « La meilleure façon de combattre les préjugés raciaux est d'être exceptionnel dans tout ce que l'on fait. »

Je n'ai pas beaucoup d'instruction

« Mon quotient intellectuel est inférieur à celui des autres. » Et alors? « Les premiers prix ne vont pas toujours aux plus intelligents ou aux plus forts. Encore une fois, l'homme qui gagne est celui qui est convaincu qu'il le peut.» C'est ce que me dit un jour un homme qui s'y connaît. Son test d'admission à l'université était vraiment très médiocre. Ses relations lui permirent quand même d'être admis. Il développa une très piètre estime de lui-même, et à cause de cela, il ne fit jamais vraiment d'efforts. Il était convaincu d'être un étudiant de troisième ordre, et c'est exactement ce qu'il devint. Bien sûr, il obtenait précisément ce qu'il recherchait! Malheureusement, les tests d'admission n'évaluaient pas correctement les qualités pouvant faire la différence entre la réussite et l'échec. Ils ne tenaient pas compte de l'imagination, de la détermination, de l'intégrité, de la sincérité, des dons intuitifs de diplomatie, etc. Si on avait fait passer un test psychologique à cet étudiant à l'époque, test portant sur ces traits de caractère des plus importants, il se serait classé bien mieux. Il aurait acquis une bien meilleure estime de lui-même et aurait accumulé de bien meilleures notes. De toute façon, les dons réels de cet homme devinrent apparents, non pas pendant ses études, alors qu'il axait sa pensée sur l'impossibilité, mais lorsqu'il alla sur le marché du travail; là son esprit d'entreprise, ses ressources et son attitude de penseur axé sur la possibilité on fait de lui l'un des hommes les plus prospères de sa profession. Il a refusé de laisser ses «inconvénients intellectuels» nuire à sa réussite.

2. PRENEZ L'HABITUDE DE RECONNAÎTRE LE MOINDRE SOUPÇON DE POSITIVISME QUI PUISSE VOUS VENIR À L'ESPRIT, ET DE VOUS EN SERVIR. Une seule petite pensée axée sur la possibilité peut vous aider à surmonter bien des pensées négatives, à condition que la pensée positive ait une chance de survivre et de se faire valoir. Pendant la seconde guerre mondiale, l'Angleterre connut souvent le black-out. Lorsque

les bombardiers ennemis étaient en vue, on éteignait toutes les lumières de la ville. On savait que la moindre lueur de chandelle pouvait être aperçue à des kilomètres, du haut des airs. Ne mesurez pas vos capacités sur la base de vos attributs. Une puissante pensée axée sur la possibilité, lorsqu'elle peut se développer, possède une grande puissance de transformation de la vie. Accueillez une pensée positive et permettez-lui de se développer; en un rien de temps vous connaîtrez la puissance de l'espoir grâce à ce soupçon de positivisme.

« Je ne crois plus en Dieu. Dieu n'existe pas. J'y ai déjà cru, mais Il m'a abandonné. Ma vie est un enfer désormais, et je sais que Dieu n'existe pas. » Elle était très malade. La première fois que je la visitai dans un hôpital pour malades mentaux, je ne parvins pas à insuffler la moindre parcelle de foi dans son esprit assombri. Un peu plus tard, lorsque je retournai la visiter je la trouvai tout à fait transformée. Qu'était-il arrivé? Un jeune médecin s'était tout bonnement arrêté pour parler avec elle. Elle ne réagissait pas. « Quel est votre nom? » demanda-t-il. Elle ne répondit pas. « Eh bien moi je suis le docteur Paradis, » dit-il. Elle leva lentement la tête. Son regard creux se fixa sur cet homme vêtu de blanc qui se tenait devant elle. Le médecin était sur le point de partir lorsqu'elle toucha sa manche. Il s'arrêta. Elle lui lança un regard implorant et murmura: « Quel est votre nom? » Il sourit et dit: « Je suis le docteur Paradis. » Elle reposa la tête sur l'oreiller, et il quitta la pièce. Mais elle se mit à penser: « Le docteur Paradis. Paradis. Si le paradis est ici, ça ne peut être l'enfer. Si le paradis est ici, Dieu doit s'y trouver aussi. Dieu est ici. » Et même si cette pensée était irrationnelle, elle donna naissance à l'espoir.

Le lendemain matin, elle parcourait le corridor, se répétant à haute voix un verset de la Bible qu'elle avait souvent entendu. Il lui était revenu du plus profond de sa mémoire, et elle le répétait presque inconsciemment: «Ceci est le jour que le Seigneur a fait. Réjouissons-nous et louons-le.» Elle répéta cette phrase toute la journée. Le lendemain matin, elle le répétait à nouveau, avec un sourire cette fois, comme quelqu'un qui se réveille lentement d'un sommeil profond et rempli de cauchemars. «Ceci est le jour que le Seigneur a fait. Réjouissons-nous et louons-le.» Maintenant la puissance apaisante de ce verset de la Bible faisait son œuvre. Elle avait oublié le docteur Paradis et sa raison retrouvée rejetait automatiquement l'idée irrationnelle voulant que «le paradis étant ici, Dieu se trouve ici». Sa santé s'améliora. Elle commença à réagir positivement aux traitements. En la voyant, je fus très étonné par la fantastique transformation. Aujourd'hui, trois ans plus tard, elle est complètement guérie et elle a repris son travail d'enseignante.

3. COMMENCEZ CHAQUE JOURNÉE AVEC UN GERME DE PENSÉE POSITIVE ET ACCROCHEZ-VOUS À CETTE PENSÉE. En vous habillant, habillez aussi votre esprit. Une personne discrète ne sortirait pas à moitié habillée. Une personne sage ne se considérera bien habillée que si son esprit a revêtu une idée positive qui lui servira de bouclier contre les forces négatives qui risquent de le frapper tout au long de sa journée de travail. Prenez l'habitude de collectionner ces boucliers de l'esprit qui vous fortifieront pendant que vous serez dans le monde du travail. Essayez ces boucliers de l'esprit:

Luc 1:37	«Car rien n'est impossible à Dieu.»
Marc 10:27	«Pour les hommes, impossible, mais non pour Dieu.»

Matthieu 19:26	« Pour les hommes c'est impossible, mais pour Dieu tout est possible. »
Marc 10:27	« Car pour Dieu tout est possible. »
Luc 18:27	« Ce qui est impossible pour les hommes est possible pour Dieu. »
Marc 9:23	« Si tu peux !... reprit Jésus ; tout est possible à celui qui croit. »
Marc 14:36	« Abba (Père) ! Tout t'est possible. »
Matthieu 17:20	« Car, je vous le dis en vérité, si vous avez la foi comme un grain de sénevé, vous direz à cette montagne : Déplace-toi d'ici à là, et elle se déplacera, et rien ne vous sera impossible. »

À la maison, ma famille et moi prenons toujours le déjeuner ensemble. Avant de nous disperser, nous veillons à avaler nos « vitamines spirituelles » de la journée. Ces dernières revêtent l'apparence d'un bref verset de la Bible, assez court pour être mémorisé facilement ; l'ayant mémorisé, nous pouvons le garder à l'esprit toute la journée. Moi dans mon bureau, dans la circulation intense et dans les diverses facettes de mon travail ; ma femme à la maison, au marché et lorsqu'elle répond au téléphone ; mes enfants à l'école et au terrain de jeux. Nul n'est suffisamment habillé pour sortir s'il n'a revêtu son esprit d'une idée protectrice fraîche, propre et confortable.

4. EXPOSEZ VOTRE CERVEAU À UNE DIÈTE POSITIVE CONSTANTE. Si vous voulez que votre esprit produise quelque chose de valable, vous devez lui fournir des éléments valables. Cultivez l'art de la discrimination. Cette émission de télévision, ce livre, cette conversation ont-ils pour effet de m'inspirer ou de me déprimer ? M'amènent-ils à m'améliorer ou sont-ils peu stimulants ? Font-ils naître

en moi des sentiments positifs tels l'amour, la foi, l'espoir et la joie, ou des sentiments négatifs tels la haine, l'incrédulité, la crainte et le désespoir? Procurent-ils à mon esprit une diète qui l'apaisera, qui l'édifiera et lui donnera la détermination de foncer et de gagner?

Cessez d'écouter les gens négatifs qui prennent plaisir à souligner vos mauvais côtés ou qui doutent de vos idées.

Efforcez-vous autant que possible de penser de manière positive. Rendez-vous à la bibliothèque et trouvez-y des livres qui vous en apprendront davantage sur l'art de la pensée axée sur la possibilité.

5. DONNEZ-VOUS CHAQUE SEMAINE UN TRAITEMENT EN PROFONDEUR DE PENSÉE AXÉE SUR LA POSSIBILITÉ. L'un de mes amis qui avait un problème de pellicules disait: «Tous les samedis soir, sans faute, je me donne un shampooing anti-pellicules. Cela règle mon problème pour la semaine.»

Eh bien nous devrions nous donner, une fois par semaine, un traitement anti-pellicules mentales et spirituelles. Laissez passer une semaine et vous verrez la différence. Laissez-en passer deux et les autres verront la différence.

Dieu savait ce qu'Il faisait lorsqu'Il a ordonné aux anciens Juifs de se garder une journée par semaine pour le repos et la prière. Le nombre des problèmes émotifs au pays a connu une importante augmentation depuis que nous avons cessé cette pratique qui consiste à se garder une journée par semaine pour le repos et le calme, ainsi que pour le rafraîchissement de l'esprit. Trouvez un endroit de culte religieux spécialisé en inspiration positive, et fréquentez-le chaque semaine. Le réservoir d'inspiration de l'être humain doit être rempli à tous les sept jours. C'est ainsi que Dieu nous a faits. Souvent, c'est lorsque vous n'avez pas envie d'aller à l'église que vous en avez le plus grand besoin. Votre absence de désir pour le culte indique à coup sûr que vous avez besoin d'inspiration, tout comme une voiture ralentit paresseusement lorsqu'elle manque d'essence.

6. EFFORCEZ-VOUS DE VOUS CONVAINCRE D'AXER VOTRE PENSÉE SUR LA POSSIBILITÉ. Dites-vous : « Je puis tout faire à travers Celui qui me rend fort. » Vous pouvez vous convaincre d'adopter n'importe quelle attitude.

La plupart d'entre nous nous convainquons trop souvent que nous sommes fatigués, que nous avons échoué, que nous sommes découragés. Répétez-vous à voix haute: « Je suis fatigué. Je suis fini. J'en ai assez », et vous allez très vite finir par le croire.

L'aspect positif de cette attitude est aussi puissant. Répétez à voix haute : « Je vais être heureux aujourd'hui, même si le ciel est nuageux et gris, je serai heureux malgré tout ce qui pourra arriver. Je suis heureux. Je suis vraiment heureux. Je ne réalise pas mon bonheur parce que, subconsciemment, je m'inquiète de ce qui arrivera aujourd'hui et demain. Dans quelques années, je me rappellerai ce moment et je réaliserai que j'étais vraiment heureux. » Alors que l'écrivaine française Colette revoyait l'histoire de sa vie à l'écran, quelqu'un lui dit : « Il semble que vous ayez été une enfant très heureuse. » Et elle répondit : « Oui, c'est dommage que je ne l'aie pas réalisé à l'époque. »

Vous êtes heureux. Mais peut-être devrez-vous vous le répéter plusieurs fois avant de vous en rendre compte.

Parce que vous ne le ressentez pas vraiment, peut-être pensez-vous que l'idée est parfaitement ridicule. Peut-être même la trouvez-vous malhonnête. Votre honnêteté vous empêchera peut-être d'accepter cette idée. N'ayez aucune retenue. Allez de votre plein gré vers la joie, la foi, l'espoir, l'amour, le bonheur et les grandes réalisations.

«Ça marche vraiment. Je ne peux le croire, mais ça marche vraiment. Ces quatre derniers jours ont été les plus heureux que j'aie connus depuis des années. Et si ça marche pendant quelques jours, pourquoi cela ne marcherait-il pas pendant toute la vie?» L'homme qui m'écrivit cela était passé à mon bureau à peine une semaine auparavant, fermement décidé à quitter l'emploi qu'il détenait depuis dix-neuf ans. Il se plaignait: «Je déteste mon travail. Je ne peux le supporter. Je ne l'ai jamais vraiment aimé. Il ne me reste qu'un an avant la retraite, mais je me raidis tous les matins à la pensée d'aller travailler. Je déteste mon travail.»

«Pourquoi le détestez-vous? lui demandai-je. Voyons vos mains: Est-ce qu'elles saignent? Non. Courez-vous le risque d'être tué au travail? Non. Alors. Pourquoi détestez-vous votre travail?» En peu de temps, nous avions dressé la liste de tous les avantages que comportait ce denier. «Maintenant, lui dis-je, vous avez abandonné votre volonté à la pensée que vous détestiez votre travail. Vous avez permis à votre état d'esprit d'adopter la forme d'idées, vous avez transformé ces idées en paroles, vous vous êtes entendu prononcer ces paroles. Vous avez cru les paroles que vous vous êtes entendu prononcer. Vous vous êtes hypnotisé à détester votre travail. Utilisez l'aspect positif de cette même démarche mentale et répétez-vous ces mots: « J'aime mon travail. »

Il se mit à rire. « C'est ridicule, dit-il, je ne peux dire cela. Je ne peux tout simplement pas. »

« *Oui, vous le pouvez, si vous le voulez.* » J'élevai la voix intentionnellement, afin de briser la surface rigide de sa foi. Puis je le forçai à répéter ces mots: « J'aime mon travail. » Je l'obligeai à répéter ces affirmations positives dans mon bureau pendant une demi-heure, jusqu'à ce qu'il s'habitue à s'entendre parler positivement. Une semaine plus tard, il écrivait: « Je me sentais vraiment ridicule lorsque j'ai commencé. Mais ça marche. Et si ça marche, pourquoi le rejeter? Cela a même transformé l'attitude de ma famille. »

« Je ne crois pas en Dieu. Je n'aime pas mon mari. Et je vais me suicider. » Elle était assise dans mon bureau et elle me lançait ces paroles axées sur l'impossibilité. Chaque fois qu'elle verbalisait ces sentiments axés sur l'impossibilité, elle s'entendait parler et elle se croyait!

« Devenez une menteuse sanctifiée, lui suggérai-je. Vous croirez mentir, mais vous ne mentirez pas. Vous ferez tout simplement preuve d'une foi extrême. Vous direz avoir obtenu ce que vous désirez avant même de l'avoir obtenu. C'est la vraie foi. La vérité est que vous croyez en Dieu plus que vous ne le pensez. Vous aimez votre mari bien plus que vous ne le pensez. Répétez après moi, même si vous avez l'impression de mentir, les paroles suivantes: J'aime mon mari, j'aime la vie, je crois en Dieu. » Je passai une heure à la convaincre de répéter ces paroles. « Lorsque vos sentiments sont négatifs, dites-vous toujours le contraire de ce que vous ressentez », lui conseillai-je. Cela se passait il y a trois ans. Elle a suivi fidèlement cette méthode, et elle a découvert qu'elle aime beaucoup son mari, qu'elle croit fermement en Dieu et qu'elle aime la vie.

ÇA MARCHERA AUSSI POUR VOUS SI VOUS AVEZ LA FORCE DE VOUS OBLIGER À LE FAIRE. *Répétez à voix haute les phrases suivantes. Ce sera l'une des étapes les plus difficiles de ce livre.* Vous aurez l'impression d'être hypocrite, vantard et menteur. Mais lisez À VOIX HAUTE ces puissantes affirmations, et répétez-les sans cesse, en ÉLEVANT LA VOIX :

Je peux faire de grandes choses.
J'ai en moi de grandes possibilités.
J'ai en moi de grandes possibilités qui n'ont pas encore vu le jour.
Je suis une merveilleuse personne lorsque je laisse le Christ habiter en moi.
Je me juge trop sévèrement.
Je suis mon pire ennemi.
Je suis un enfant de Dieu. Dieu m'aime.
Je peux tout faire, grâce au Christ qui me soutient.

Votre plus grand problème sera de croire en ce que vous affirmez et de persister jusqu'à ce que vous vous soyez sorti de l'hypnotisme que génère la puissance affaiblissante de la pensée axée sur l'impossibilité.

7. FAITES APPEL AU POUVOIR DE LA PRIÈRE. Essayez la prière que le docteur Daniel Poling récite trois fois chaque matin, au lever : « Je crois. Je crois. Je crois ! » Ce genre de prière chasse vraiment le négativisme du cerveau ! Maintenant, répétez les mots : « Je peux. Je peux. Je peux. »

Le pouvoir de la prière engendre vraiment des résultats ! Il existe un Pouvoir Supérieur qui peut pénétrer au plus profond de votre être et reconditionner votre mode de pensée. Demandez à Dieu de vous aider à devenir un penseur axé sur la possibilité. Demandez-Lui une fois, et c'est tout. Car si vous Lui avez fait une demande, vous pouvez être certain qu'Il a reçu votre message. Cessez de demander, mais ne cessez pas de prier. Cessez de supplier et commencez à remercier. Si vous continuez à demander, cela indiquera simplement que vous ne croyez pas qu'Il vous a entendu ou qu'Il vous aidera. Si vous continuez à demander, cela ne fera que générer des malheurs émotionnels ou les intensifier. Cela vous affaiblira. Cela ne vous inspirera pas. Cela ne vous renforcera pas. La supplication, les prières négatives ne font qu'augmenter vos anxiétés. Quelqu'un a dit :

Dieu évalue nos prières, Il ne les compte pas.

En temps et lieu, Dieu vous répondra. Alors priez positivement, et non pas négativement. Remerciez-Le d'entendre votre prière. Remerciez-Le pour ce qu'Il fait à ce propos. Essayez la prière suivante. Répétez-la à voix haute. « Merci, mon Dieu, d'avoir fait de moi un penseur axé sur la possibilité. Merci de me rappeler que tout m'est possible si j'ose croire. » Cette prière génère la puissance, augmente l'espoir et réduit l'anxiété. Soyez positif dans la prière. Ne vous abaissez pas en priant. La prière positive fait vraiment des miracles. C'est ainsi que le Christ priait : « Père, tout est possible avec Vous. » Et lorsqu'un être humain demande à Dieu de le guérir de son complexe d'impossibilité, Dieu lui vient en aide. Après tout, Dieu désire voir ses fils et ses filles marcher les épaules en arrière, la tête droite, le visage empreint de dignité.

8. VÉRIFIEZ VOTRE PERSONNALITÉ EN PROFONDEUR. Commencez par un examen physique. Un jour un homme âgé se présenta au bureau d'un ministre de Chicago et déclara : « Je ne crois plus en Dieu. » Le sage pasteur resta calme. Exceptionnellement perceptif, il croyait qu'un changement aussi radical de la pensée était dû à quelque force extérieure. Les questions qu'il posa l'amenèrent à croire que cet homme était physiquement malade. Il l'envoya chez un médecin, qui décela une déficience de la glande thyroïde. Une fois guéri, l'homme retrouva sa foi. Surprenant ? Pas vraiment. Mais révélateur. Alors subissez un examen médical au moins une fois par année.

Celui qui axe sa pensée sur l'impossibilité peut aussi être malade émotivement. Dans son livre intitulé *Peace of Mind*, Joshua Loth Liebman raconte l'histoire d'un homme très brillant qui se disait athée. Une analyse en profondeur révéla des faits troublants. Lorsque ce brillant athée était petit garçon, on l'avait amené à la synagogue où on lui avait appris que Dieu était son Père Céleste. Or, le père véritable de cet enfant était un homme cruel. Alors son esprit, pour se défendre, rejetait le concept d'un autre père. Il refusait Dieu. Il refusait d'avoir un autre père. Les pères étaient méchants. À ce jeune âge, son esprit d'enfant blessé avait érigé une barrière contre la foi. À partir de ce moment, il refusa de croire en Dieu. Lorsque ce vieux souvenir fut à nouveau mis en lumière, cet homme intelligent réalisa que ce doute profondément enraciné provenait d'une expérience émotive malheureuse. Il se mit à développer une foi saine. Si vous croyez être émotivement perturbé, ou si votre famille croit que vous l'êtes, consultez un bon médecin.

Subissez ensuite un bon examen spirituel. Votre vie religieuse est-elle saine ? Une religion saine augmente la dignité d'une personne. L'image que vous avez de vous-même est responsable en grande partie de la direction qu'emprunte votre esprit : axé sur la possibilité ou sur l'impossibilité. La religion juive a toujours cherché à donner à l'homme un sens profond de la valeur personnelle. Jésus-Christ fut inspiré par l'ancienne foi juive qui enseignait que l'homme était fait à l'image de Dieu. Les Hébreux croyaient que le premier humain était une merveilleuse créature. Puis quelque chose de terrible se produisit et l'homme périclita émotionellement. Il perdit la foi en lui-même, en Dieu et en son prochain. Et Dieu dut restaurer la gloire de l'homme. On restaure la gloire de l'homme en restaurant l'image qu'il a de lui-même. Lorsque l'homme est droit, propre, qu'il a beaucoup d'assurance, il glorifie son Dieu.

Le sain christianisme libère l'homme des culpabilités, des craintes, des soucis et des anxiétés qui le rendaient indigne. Le vrai christianisme nous enseigne que nous pouvons vraiment être quelqu'un. « Vous êtes le sel de la terre... Vous êtes la lumière du monde », disait Jésus à ses disciples. On a dit des premiers disciples de Jésus-Christ, qu'à « ceux qui croyaient en Lui, Il donnait le pouvoir de devenir des fils de Dieu. » Jésus-Christ libère ses disciples de la culpabilité qui les opprime. Ces derniers découvrent alors que Dieu est leur Père. Ils deviennent les fils de Dieu. Soudain ils retrouvent leur dignité. Il recommencent à s'aimer. C'est ainsi que Jésus-Christ donne à une personne le sens de sa valeur personnelle et lui permet d'axer sa pensée sur la possibilité ! Car lorsque vous savez que Dieu et vous êtes bons amis, vous pouvez dire courageusement : « Si Dieu est avec moi, qui peut être contre moi ? » Faites la connaissance d'un grand penseur axé sur la possibilité et voyez ce que vous pouvez devenir.

Il y a de très nombreuses années de cela des pêcheurs rudes, grossiers et illettrés firent la connaissance d'un homme. Ce dernier leur mit la main sur l'épaule et leur dit : « Suivez-moi et je vous ferai pêcheurs d'hommes ! » Ce fut leur moment d'inspiration. Lorsqu'ils étaient découragés et avaient l'impression d'être sans valeur, l'homme leur disait : « Vous êtes le sel de la terre... Vous êtes la lumière du monde. » Alors ils savaient qu'ils pouvaient être quelqu'un dans un monde anonyme. Ce grand inspirateur était un Juif merveilleux qui vivait il y a deux mille ans. Il s'appelait Jésus-Christ. Quel grand penseur axé sur la possibilité ! Rapprochez-vous de Lui. Acceptez son esprit et vous ne serez plus jamais le même. Laissez Jésus-Christ refaire votre image personnelle.

Demain matin, essayez cette prière de Norman Grubb :

Bonjour, Seigneur.
Je vous aime !
Qu'allez-vous faire aujourd'hui ?
Je veux en faire partie !
Merci, mon Dieu.
Amen !

LAISSEZ MAINTENANT VOTRE IMAGINATION DÉCIDER DE LA FAÇON DONT DOIVENT ÊTRE UTILISÉES LES GRANDES POSSIBILITÉS QUI SONT EN VOUS.

4

Laissez votre imagination libérer vos possibilités emprisonnées

Un homme victime de la polio et qui avait besoin d'un poumon d'acier pour respirer apprit à respirer par ses propres moyens, en dépit de la paralysie qui immobilisait tous les muscles de sa gorge. De fait Karl Dewayne Sudekum apprit à respirer à la manière d'une grenouille.

En 1953, alors qu'il était lieutenant dans la marine américaine, il contracta la polio. Pendant six ans, il ne put respirer qu'à l'aide d'un poumon d'acier ou d'un lit spécial. Puis il se fâcha... tout à fait. Il décida qu'il respirerait. Il immobilisa les mouvements de son lit spécial et se rappela comment il respirait à la manière d'une grenouille, alors qu'il était enfant à Nashville, au Tennessee. C'était un truc que presque tous les enfants savaient. Il captait l'air avec sa langue et la poussait dans le conduit respiratoire. Pour expirer, il devait laisser ses poumons se dégonfler comme un ballon. Depuis, il respire comme cela à longueur de journée.

« La science ne sait pas vraiment comment cela fonctionne, dit-il. C'est un phénomène de pompage à deux cycles, et certaines personnes peuvent y arriver, d'autres pas. Certains peuvent siffler entre leurs dents, mais moi je n'ai jamais pu. C'est ainsi. »

Il peut se passer du poumon d'acier aussi longtemps qu'il reste éveillé. Dès qu'il se sentit indépendant, Sudekum décida de devenir avocat.

En 1959, il entra à l'Université de San Diego. Sa femme, Emerald, le conduisait à ses cours et l'aidait à se rendre en fauteuil roulant dans les diverses salles de cours. Il ne pouvait prendre de notes ni utiliser de magnétophone. Il se bornait donc à écouter et à mémoriser.

Puis on lui apprit qu'il souffrait du diabète. Cela réglé, les médecins lui découvrirent un ulcère. Pendant une année entière, il vécut avec une fièvre mystérieuse, en réaction à ses médicaments. Mais il réussit quand même à obtenir son diplôme et à passer l'examen du barreau.

Il pratique maintenant le droit et signe ses documents K.D. Sudekum. Il aurait trop de mal à écrire son nom en entier avec un crayon entre les dents.

Lorsqu'il plaide longtemps en cour, son visage devient très rouge. Mais cela n'a rien d'inquiétant. Mais le rhume est dangereux, et pourrait lui être fatal. Alors que fait-il ?

« Je ne l'attrape pas. »

S'il s'endort ou s'évanouit alors qu'il est seul, il risque de mourir ; son seul recours face à une telle éventualité est qu'une personne connaissant son état lui fasse la respiration artificielle. Que fait-il à ce propos ?

« J'essaie d'y penser le moins possible », dit-il.

Utilisez l'imagination dont le Christ vous a doté pour trouver des manières de surmonter vos handicaps, de mettre à profit vos difficultés, vos moments de crise, et même vos chagrins.

Servez-vous de votre imagination pour réussir dans l'art de bien vous entendre avec les gens

Pour réussir dans le domaine des relations humaines, il importe que vous polissiez votre personnalité à l'aide de votre imagination. Faites l'effort de vous voir comme une personne détendue, charmante, confiante, calme et souriante. Accrochez-vous fermement à cette image de vous-même et vous deviendrez ce genre de personne. Le contraire est également vrai. Si vous vous imaginez en train d'envoyer les autres « au diable », de vous mettre en colère, de devenir irritable, sensible et pointilleux, vous réagirez exactement de cette manière, et j'ajoute que vous échouerez lamentablement dans le domaine des relations humaines. Cela est fantastique, mais vrai: Votre imagination a le pouvoir de transformer et de remodeler votre personnalité.

Et voici de meilleures nouvelles encore ! Vous pouvez effectivement transformer la personnalité des autres par la seule puissance de votre imagination. Je siégeais récemment à un conseil d'administration. Lorsque j'entrai dans la pièce, je fus accueilli par six hommes qui fixaient sur moi un regard glacial. *Et les sentiments, les personnalités étant extrêmement contagieuses*, je devins, parce que je négligeai d'utiliser mon imagination, aussi froid et inamical que ces hommes. Puis quelque chose de merveilleux se produisit. Un homme à la personnalité forte et amicale entra dans la pièce. Son visage était des plus chaleureux. Son sourire persistait malgré la froideur de ces hommes importants. À mon grand étonnement, en cinq minutes à peine, les personnalités de ces gens étaient toutes transformées. Bientôt nous parlions et nous blaguions, nous appréciant mutuellement. Après la réunion, je demandai à mon ami *comment il avait fait pour changer ces visages de cire en visages merveilleux.* Son secret était simple. « J'ai fait une pause avant d'entrer dans cette pièce et je me suis imaginé comme étant fort, dominant, amical et simple. J'ai imaginé ceux qui étaient dans cette pièce comme des gens sympathiques. Je les ai vus me rendant mes sourires et la gentillesse dont je faisais preuve à leur égard. » Cet homme avait découvert comment utiliser son imagination pour transformer la personnalité des autres.

Faites appel à votre imagination pour rencontrer des gens

Avez-vous de la difficulté à rencontrer des gens? Vous est-il difficile de vous faire de nouveaux amis ou de nouvelles connaissances? Alors faites appel, avec beaucoup de succès, au pouvoir de votre imagination. J'ai découvert cette technique lorsque j'ai érigé notre église. Parce que je n'avais pas de membres, je décidai d'aller sonner aux portes et de raconter mon histoire aux gens. Franchement, je tremblais à l'idée de devoir faire du porte à porte de même qu'à l'idée d'avoir à rencontrer tous ces gens. J'imaginais qu'à tout coup, l'on allait mal me recevoir. Généralement, l'on obtient ce à quoi l'on s'attend. Je me rendis donc timidement chez chacun, espérant secrètement que personne ne serait à la maison.

Plus d'une fois, je partis sans sonner. Je manquais tout simplement de courage et retournais à mon automobile. Soudain, ma prière pour obtenir l'aide et l'assistance de Dieu fut exaucée, car Dieu fit fonctionner mon imagination. Je commençai à imaginer que les gens dans les maisons étaient merveilleux et chaleureux et qu'ils étaient impatients de rencontrer un nouveau ministre. Cela changea tout ! Suite à cet événement, je m'approchai de chaque porte en disant : « Derrière cette porte, il y a quelqu'un qui va devenir mon ami pour la vie. Je suis sur le point de faire la connaissance d'un homme qui va devenir l'un de mes plus fidèles amis. » Essayez cette technique lorsque quelqu'un vous cause des problèmes. Imaginez-le comme étant un individu au grand cœur. C'est exactement ce qu'il deviendra.

Faites appel à votre imagination pour visualiser la personne que vous êtes destiné à devenir

Dans son livre intitulé *The Heart of a Champion*, Bob Richards raconte l'histoire du champion olympique Charley Paddock, qui était un grand orateur adorant prendre la parole devant des étudiants de niveau secondaire. Il raconte que lors d'une allocution qu'il prononça à l'East Tech High School de Cleveland, en Ohio, Charley lança à son auditoire les paroles suivantes: « Si vous pensez que vous le pouvez, vous le pouvez. Si vous croyez assez fermement à quelque chose, vous l'obtiendrez au cours de votre vie ! » Ensuite il éleva la main et dit : « Qui sait s'il n'y a pas un champion olympique dans cette salle actuellement ! » Un peu plus tard, un jeune Noir aux longues jambes dit à monsieur Paddock: « Monsieur Paddock, je donnerais n'importe quoi pour être un champion olympique comme vous ! » Ce fut le moment d'inspiration de ce jeune homme.

À partir de ce jour, sa vie fut transformée. En 1936, il se rendit à Berlin, en Allemagne. Il remporta quatre médailles d'or. Il s'appelait Jesse Owens. À son retour, il parada dans les rues de Cleveland sous les applaudissements de la foule. La voiture s'arrêta et il signa quelques autographes. Un petit Noir tout maigre se pressait contre la voiture. Il lui dit: « Monsieur Owens, je donnerais n'importe quoi pour être un champion olympique comme vous. » Jesse se pencha sur ce petit garçon, que l'on surnommait « Squelette » et lui dit : « Tu sais, jeune homme, c'est ce que je voulais être lorsque j'étais à peine plus vieux que toi. Si tu travailles, t'entraînes et crois à ce que tu fais, tu deviendras un champion olympique. » Eh bien, ce petit garçon fut tellement inspiré qu'il courut jusque chez lui. Et Bob Richards écrit : « Ce petit garçon m'a raconté qu'en arrivant chez lui il courut voir sa grand-mère et lui dit : Grand-mère, je vais être champion olympique ! »

Au stade Wembley de Londres, en Angleterre, en 1948, six hommes attendaient le départ de la course de 100 mètres. Le pistolet se fit entendre. Le coureur qui se trouvait à l'extérieur fonça, passa la ligne d'arrivée et gagna. Son nom : Harrison « Squelette » Dillard. Il égala le record olympique de Jesse Owens. Et il brisa par la suite d'autres records mondiaux. « Vous dites que c'est fantastique ? demande Richards. Vous dites que ça n'arrivera plus jamais ? Vous avez tort. Ça se produira encore de nombreuses fois, alors que des garçons et des filles seront inspirés. Quels sont ceux qui décéleront ce qu'ils peuvent devenir, et qui ne verront pas seulement leurs jambes maigres ou trop fragiles? Quels sont ceux qui s'imagineront champions olympiques? » Ajoutons que c'est aussi à force d'entraînement, de persévérance et de travail acharné qu'ils y parviennent.

Dans vos luttes quotidiennes, relevez les épaules, redressez la tête et remerciez Dieu d'être un homme. Lorsque Dieu vous a créé, Il vous a donné ce qu'aucun autre organisme vivant ne possède dans l'univers : l'inestimable pouvoir de visualiser de grands rêves ! Cette étonnante vérité n'a jamais été formulée avec autant d'intensité et de subtilité que dans ces lignes: « Qu'est donc le mortel, que tu en gardes mémoire, le fils d'Adam, que tu en prennes souci ? À peine le fis-tu moindre qu'un dieu. » (Ps 8:5, 6.) Le formidable pouvoir de l'imagination humaine est la preuve excitante que vous êtes fait à l'image de Dieu. De quelle imagination prodigieuse Dieu ne vous a-t-il pas doté ! Son esprit infini a visualisé un univers si grandiose, si immense, si étendu que nul être humain ne sera jamais capable de le voir en entier eut-il beau y consacrer toute son existence.

Et ce qui est plus excitant encore, c'est que le Créateur de la Vie a partagé avec la race humaine son pouvoir créateur. En effet cette imagination, votre esprit la possède à ce moment même, et vous dote du pouvoir de vous transformer. « L'homme est tel qu'il se voit dans son cœur. »

Faites appel à votre imagination pour devenir ce que vous désirez vraiment être

Utilisez l'imagination que Dieu vous a donnée pour acquérir la confiance en vous-même. Imaginez-vous inférieur, incompétent, médiocre, et c'est tout ce que vous serez. Imaginez-vous supérieur, prospère et sans cesse en progression, et vous irez de l'avant.

J'ai entendu parler récemment de William E. Constable, un homme qui travaillait dans une carrière de chaux de l'Indiana depuis neuf ans et qui arriva un jour à la conclusion suivante: «Ma vie est un gâchis, alors je vais me mettre au travail et faire quelque chose.» Le soir même du jour où il fit cette constatation il rentra chez lui en annonça à sa femme qu'il allait être avocat. Il retourna aux études et s'inscrivit finalement à l'Université de l'Indiana. Il continua à travailler huit heures par jour à la carrière pendant toute la période de ses études. Il reçut son diplôme de l'Université de l'Indiana et fut élu membre de la société Phi Beta Kappa! Il avait accumulé une moyenne de 3,95 sur une possibilité de quatre points.

Comment fit-il? Comment put-il travailler huit heures par jour et terminer premier à l'université? Voici ce qu'il en pense: En plus d'accorder du mérite à la compagnie qui l'employait et de louer sa famille pour sa coopération, il dit qu'il est possible d'étudier beaucoup de choses en trente minutes lorsqu'on y est forcé. Pour résumer, il arriva un moment où il s'imagina avocat et se dit: «Le simple fait que j'aie passé neuf ans dans une carrière ne signifie pas que je ne peux être avocat.»

Lorsque ma fille avait quatorze ans, je commençai à essayer de lui faire axer sa pensée sur la possibilité. Elle disait: «Papa, je trouve cela difficile à croire. Par exemple, j'adorerais jouer du violon. Mais je ne voudrais pas seulement être l'une des dix violonistes de l'orchestre de l'école secondaire. Je voudrais être premier violon.»

«Et pourquoi pas?» lui dis-je sur un ton de défi et en blaguant. Elle me prit au mot et m'annonça qu'elle allait étudier le violon. Elle suivit des cours privés. On l'admit à l'orchestre comme dixième violon. Elle travailla plus fort. Les quatres premières places étaient détenues par des gens qui avaient étudié le violon pendant de nombreuses années. Puis un jour, elle rentra des « compétitions » et annonça fièrement qu'elle avait surpassé tout le monde et était premier violon. « Ça marche vraiment, papa, la pensée axée sur la possibilité. »

L'imagination peut transformer votre apparence physique. Imaginez-vous avec des yeux brillants, un visage rayonnant, une personnalité fantastique; gardez cette image en tête et vous deviendrez ce genre de personne. Considérez-vous comme une personne laide, peu attrayante, et vos yeux s'assombriront, vos muscles faciaux s'affaisseront et cette apparence de tristesse vous rendra effectivement peu attrayant.

La beauté est une question de perception. Vous êtes aussi beau ou aussi laid que vous le pensez. Imaginez-vous comme une personne agréable, amicale, joyeuse, rieuse et pétillante, et votre imagination fera de vous ce genre de personne. Pratiquez cette imagination positive quotidiennement et les «muscles du sourire» deviendront si forts que votre apparence faciale sera véritablement transformée. Grâce au pouvoir de l'imagination, je suis parvenu à débarrasser mon corps de quinze kilos de graisse disgracieuse. Je me suis formé une image mentale du genre de physique que je désirais et j'ai gardé cette image en tête sans arrêt. J'ai aussi orienté le pouvoir négatif de mon imagination vers des résultats positifs, de la manière suivante: Lorsque j'apercevais une délicieuse pointe de tarte à la banane, je me formais mentalement l'image d'un homme gras, relâché, indiscipliné. C'est étonnant à quel point votre imagination peut influer sur l'attrait de la nourriture ! Conservez fermement à l'esprit l'image du genre de personne que vous voulez être et laissez votre imagination inspirée de Dieu accomplir ses miracles.

Il est facile de comprendre comment fonctionne l'imagination. Lorsque vous formez une image claire et que vous obtenez une description précise de ce que vous désirez vraiment, cela vous rend enthousiaste. L'enthousiasme produit de l'ambition. Et avec l'arrivée de l'ambition, vous vous mettez à prier, à planifier et à prendre les mesures qui s'imposent ; et avant que vous ne le sachiez, votre projet est en voie de réalisation.

Quel est le pouvoir secret des penseurs axés sur la possibilité ? C'est leur foi. Et qu'est-ce que cette foi ? C'est le pouvoir de Dieu qui œuvre à travers leur imagination d'inspiration divine.

Tirez profit du pouvoir sacramentel de l'imagination sanctifiée.

Une imagination sanctifiée a vraiment un pouvoir sacramentel. La religion définit le sacrement comme un canal sacré à travers lequel Dieu accomplit ses grands miracles. LAISSEZ DIEU AGIR ICI ET MAINTENANT. Laissez-le insuffler ses grandes idées dans votre esprit imaginatif ! Libérez votre imagination de ses chaînes. Donnez libre cours à ce pouvoir que Dieu vous donne !

Comment faire en sorte que l'imagination génératrice de succès travaille pour vous

1. CHOISISSEZ UN BUT. Les penseurs axés sur la possibilité sont des gens qui croient en la nécessité de se fixer des buts personnels. Presque immanquablement, ces buts

apparaissent toujours, à première vue, irréalistes. Mais le penseur axé sur la possibilité sait, intuitivement, que rien n'est impossible tant et aussi longtemps que des buts sont fixés. Convainquez-vous qu'il est absolument nécessaire de vous fixer des buts !

« Mais les buts créent de grandes tensions et une grande anxiété, » entendis-je récemment dire un psychologue, qui ajouta : « L'une des causes majeures de frustrations et d'anxiété à notre époque réside dans la terrible habitude qu'ont les gens de se fixer des buts élevés et de se pousser sans relâche. » Eh bien ce psychologue fait montre d'une attitude freudienne extrême en égard aux buts. Pour Sigmund Freud, la pulsion la plus importante de l'animal humain est la recherche du plaisir. Et toujours selon cette école de pensée, le plus important dans la vie est la paix de l'esprit, en dehors de toute tension. La tension et l'anxiété sont pour les freudiens les démons modernes qui nous privent du bonheur. Et les buts sont dangereux du fait qu'ils génèrent des tensions !

Pour le grand psychiatre Viktor E. Frankl, professeur de psychiatrie à l'Université de Vienne, il en va tout autrement. « La plus grande pulsion dans la vie est, dit-il, une signification à cette vie. » À son avis, le désir le plus profond du cœur humain qui cherche à se réaliser est de trouver un sens à la vie. « Non pas un désir de plaisir à la Freud, mais une volonté de trouver un sens à la vie », déclare Frankl. Et il ajoute que les buts sont absolument essentiels du fait qu'ils donnent un sens à la vie. Mais ne génèrent-ils pas l'anxiété ? Oui, peut-être. Mais cette anxiété et cette tension peuvent constituer le pouvoir constructif de la motivation dans votre vie.

Si l'être humain qui poursuit un objectif éprouve parfois des sentiments désagréables tels l'inquiétude, la tension ou l'anxiété, au moins il est vivant. Mais l'être humain dénué d'objectifs ou qui les a réalisés aura un destin bien pire: l'ennui. Et cela équivaut à la mort.

Les buts sont non seulement nécessaires pour nous motiver, mais ils sont essentiels pour nous garder vraiment en vie.

> *Ne pas avoir de but est plus à craindre que de ne pas atteindre un but.*

2. ESSAYEZ D'IMAGINER LES DIVERSES FAÇONS QUI VOUS PERMETTRONT D'ATTEINDRE VOTRE BUT. Je suis personnellement d'avis qu'une personne devrait disposer d'au moins trois manières d'atteindre son but avant de se mettre au travail. Par exemple: Votre but est-il de voyager? Comment pourriez-vous voyager? Voici quelques suggestions:

1. Enrôlez-vous dans l'armée ou la marine et demandez à être muté outre-mer.
2. Entrez au service d'une compagnie qui embauche des travailleurs outre-mer.
3. Achetez simplement un billet et partez, même si vous devez, pour ce faire, abandonner quelque chose.
4. Épargnez une petite somme chaque jour, et vous serez étonné de la rapidité avec laquelle vous pourrez réunir suffisamment d'argent pour acheter un billet. Lorsque j'étais étudiant, je voulais visiter la Terre sainte. Je n'avais pas un sou. Quand j'eus mon premier emploi, je mis cin-

quante cents de côté chaque jour. Au bout de six ans, j'avais réuni la somme nécessaire au voyage.

5. Recrutez un groupe de quinze personnes et toute compagnie aérienne vous fera volontiers cadeau d'un billet gratuit.

Quel que soit votre but, dressez une liste des manières possibles qui pourraient vous permettre d'atteindre les objectifs désirés.

3. CHASSEZ LA CRAINTE DE VOTRE IMAGINATION. Ne laissez pas la crainte vous dissuader. C'est étonnant de voir à quel point la crainte se manifeste rapidement lorsque vous imaginez d'aller de l'avant avec une entreprise. Nul n'est jamais totalement à l'abri de la crainte et de l'inquiétude. À l'entrée de certaines des grandes cathédrales du monde, vous trouverez un garde vêtu à la manière de Napoléon. Ces « Napoléon », comme on les appelle, ont la responsabilité d'interdire l'entrée à ceux qui sont vêtus de manière inappropriée. Une fois que vous vous êtes mis en tête de poursuivre un noble but, vous devez discipliner votre pensée et interdire à cet élément sacrilège qu'est la crainte d'entrer de façon impie dans la cathédrale sacrée de votre imagination.

Il est étonnant de voir la rapidité avec laquelle les craintes se développent. Aucune ne se développe plus rapidement que la crainte de l'échec. Je suppose que notre église n'aurait jamais été construite si je n'avais pas lu cette phrase sur le calendrier d'une église :

> *« Je préfère tenter quelque chose de grand et échouer que ne rien tenter et ne rien réussir ! »*

Si vous êtes tenté par cette pensée pernicieuse qu'est la crainte de ne pas atteindre vos buts, rappelez-vous ces mots de Robert Browing: « Un homme doit viser vers ce qui est au-delà de sa portée, sinon à quoi le ciel sert-il? » James Russell Lowell disait: « Le crime n'est pas d'échouer mais de viser bas. » Ne craignez rien d'autre que la crainte elle-même.

4. IMAGINEZ-VOUS PRENANT LE DÉPART. J.C. Penney disait: « L'aspect le plus difficile de mon travail est de commencer. » Il suffit généralement de peu pour entreprendre de grandes choses. La première vente est toujours la plus difficile. Si vous commencez, vous avez de fortes chances de réussir. Car les idées positives sont immortelles. Même si votre rêve semble irréalisable, commencez!

Richard Neutra me disait: « Je n'ai jamais rien fait, dans ma vie, qui ne me semblait pas impossible à la première étape. »

Commencez par mettre votre idée sur papier. Décrivez sommairement ce que vous espérez construire, tracez les grandes lignes de ce que vous espérez écrire, inscrivez le nom de l'entreprise que vous espérez lancer, le titre que vous rêvez d'ajouter à votre nom ou l'entête de la firme que vous imaginez fonder.

5. IMAGINEZ DES BUTS QUI DÉPASSENT LES VÔTRES. Le docteur Viktor Frankl l'a dit:

> *Le présent ne doit jamais prendre le pas sur l'avenir.*

Par conséquent, le penseur axé sur la possibilité garde en réserve, dans son imagination, des buts qui surpassent les siens. Il réalise qu'il ne doit jamais être pris en position de «réalisation» et, comme Alexandre, pleurer parce qu'il n'a plus de mondes à conquérir. Le défi et les réalisations sont le flux et le reflux de la marée de la vie. Sans défis ou réalisations nous vivons comme des cadavres. Dieu ait pitié de l'homme qui atteint ses buts et ne veut ou ne peut imaginer de plus hauts sommets à atteindre.

J'ai connu la douleur de la frustration et de l'anxiété lorsque mes buts semblaient impossibles à atteindre. Mais la plus grande douleur de ma vie, je l'ai ressentie lorsque je me suis réveillé un jour, découvrant que j'avais réussi. J'étais arrivé. Tous mes grands rêves s'étaient réalisés. Heureux? Oui, mais pas pour longtemps. Vous ne pouvez vivre longtemps dans la joie des réalisations passées.

Il ne fait aucun doute que la période la plus difficile que j'eus à traverser au cours de mes dix ans à titre de pasteur de la Garden Grove Community Church, ne fus pas la première semaine, alors que je n'avais pas encore trouvé d'endroit pour prêcher, ni les premiers six mois, alors que je m'échinais à faire du porte-à-porte pour convaincre les gens de fréquenter, le dimanche matin, la nouvelle église que je mettais sur pied dans un cinéma en plein air. J'avais des buts, voyez-vous. Premièrement, trouver quelques personnes, puis plusieurs, qui m'aideraient à donner le coup d'envoi à cette grande église. Mes buts étaient spécifiques. Un jour, il y aurait une communauté de plus de mille membres, avec des édifices merveilleux, un important personnel, un orgue à tuyaux et au moins deux chorales. Ces buts étaient énormes pour un jeune ministre de vingt-huit ans qui ne possédait que cinq cents dollars et dont l'église ne comptait qu'un seul membre, sa femme.

Il y a dix ans, j'étais convaincu que l'envergure de mes buts était telle que ceux-ci me tiendraient occupé pendant vingt ans. Mais un jour, au retour de vacances je m'aperçus que je me trouvais sur un terrain de dix acres recouverts d'arbres, qu'agrémentaient des fontaines baignant dans le soleil, et une grande cathédrale de verre. C'était merveilleux. On avait déjà parlé de l'église dans plusieurs publications internationales d'architecture. Les trois nouveaux ministres m'attendaient pour m'accueillir. Ils me firent un rapport sur les progrès de l'église, rapport que je reçus avec enthousiasme. Tout allait très bien. On me rappela que nous comptions maintenant près de deux mille membres. Tout était merveilleux. Il n'y avait aucun problème.

Je me rendis à mon bureau. Je ressentis soudain les premiers signes d'une dépression dont je n'avais jamais fait l'expérience. Aucune difficulté. Aucun défi. Aucun souci. Aucun problème à résoudre. Chacun de mes buts avait été atteint. J'étais perdu. Ne riez pas. Ce ne fut pas drôle. Il n'y avait plus moyen de me convaincre que mon travail n'était pas terminé.

Lorsque vous atteignez vos buts, vous avez des problèmes!

J'ai appris à avoir des buts qui surpassent mes buts.

Que recherchez-vous?

Alors que notre église n'était pas encore construite, je stationnai un jour ma voiture sur notre nouveau terrain. Des orangeraies entouraient la propriété. J'exerçais mon imagination, m'imaginant une grande église, des fontaines, des tours et des cloches. Soudain un craquement me fit tourner la tête et j'aperçus, par la fenêtre de ma voiture, un homme hirsute qui émergeait de l'orangeraie et se dirigeait vers moi armé d'un fusil. Un fusil. Un fusil à deux canons! Chargé! Armé! Je devais sembler apeuré car, abaissant son arme, il me dit en souriant: « Je chasse simplement le lièvre. »

De ma vie, jamais je n'avais été aussi heureux de rencontrer un chasseur de lièvres. « Vous en avez tué? » demandai-je.

« J'ai peur que non, me dit-il. Il n'y en a tout simplement pas dans le coin aujourd'hui. »

« Eh bien il y en a six à l'extrémité nord de cette propriété, » lui dis-je, dirigeant son attention sur les lièvres, à cinq cents pieds au nord, là où s'arrêtaient les noyers. « Pourquoi n'essayez-vous pas d'en attraper un? » lui dis-je sur un ton de défi.

« Oh, c'est impossible, dit-il. Vous voyez, ils me verraient venir avant que je puisse les approcher. »

« Eh bien, l'assurai-je, ils ne courent pas en ce moment. Pourquoi ne vous en approchez-vous pas? Peut-être pourriez-vous en tirer un. »

« Oh non, poursuivit-il négativement. Même s'ils ne me voient pas, ils pourront m'entendre. » Puis il devint scientifique. Il se mit à m'expliquer longuement à quel point les lièvres pouvaient « entendre » à l'aide de leurs pattes. Même s'il marchait très doucement, les lièvres allaient sentir les vibrations de son pas sur la terre. J'étais fasciné par l'immense capacité de cet homme à imaginer l'échec. Il utilisait son imagination pour se convaincre de l'échec.

« Mais pourquoi ne marchez-vous pas très doucement, très lentement, très silencieusement, en essayant de vous rapprocher suffisamment ? », lui dis-je avec insistance.

Soudain, une lueur apparut dans son regard. Ce fut la naissance de la pensée axée sur la possibilité. Il dit : « Peut-être devrais-je essayer ! » Pendant un moment il envisagea la possibilité de réussir. Alors il se mit à avancer lentement, furtivement, sans bruit, jusqu'à ce qu'il se trouve à cinquante pieds des lièvres. De ma voiture, je le vis épauler son arme, viser et tirer. Les six lièvres s'enfuirent sous le couvert des arbres. Dégouté, il jeta son fusil par terre. Soudain, il courut sous les noyers et, quelques minutes plus tard, il revint, tenant un lièvre par les oreilles ! Il m'envoyait fièrement de grands signes de la main, car il avait réussi à attraper un lièvre. (Personnellement, je ne pourrais jamais tuer un lièvre. Peut-être détestez-vous autant que moi tuer des lièvres.)

Mais que chassez-vous ? Un emploi ? Un diplôme ? Un mariage ? Une entreprise ? Quoi que vous recherchiez, vous ne réussirez jamais rien si vous ne libérez pas votre imagination sanctifiée et si vous n'imaginez pas votre réussite. Honnêtement, il y a des occasions tout autour de vous !

5

La découverte des occasions: Six étapes pour vous guider

Cela me fascine toujours de voir à quel point les personnes qui axent leur pensée sur l'impossibilité ne découvrent jamais les occasions favorables, et à quel point les penseurs axés sur la possibilité découvrent toujours plus d'occasions qu'ils ne peuvent en rencontrer.

Comment ceux qui axent leur pensée sur la possibilité découvrent les occasions

1. REGARDEZ VERS L'AVENIR, ET NON VERS LE PASSÉ. Soyez inspiré par l'histoire; ne vous laissez pas piéger par celle-ci. « Tout ce que l'on fait peut être amélioré, j'ai un incurable complexe d'amélioration. » C'est ainsi qu'un penseur axé sur la possibilité qui découvrait beaucoup d'occasions, m'a résumé la chose.

Ceux qui découvrent des occasions savent que presque tout peut être amélioré: Qu'ils s'agisse de qualité, de service, de prix, d'emballage, de livraison, de mise en marché ou de publicité concernant un produit ou un programme. Peut-être peut-on le faire plus gros ou plus petit, mais il est certain qu'on peut l'améliorer d'une manière ou d'une autre. Peut-être découvrons-nous ici une voie vers les grandes occasions.

Lorsque nous avons décidé de construire une église intérieure-extérieure, j'ai fait appel à l'un des plus grands architectes du vingtième siècle, Richard J. Neutra. Je savais que Louis Sullivan, Frank Lloyd Wright et Richard Neutra étaient les créateurs d'un nouveau et fantastique style international d'architecture. « Il ne sera pas dit que le plus bel édifice jamais construit est le Parthénon. Les plus beaux édifices que l'homme aura jamais à contempler ne sont pas encore construits », dis-je à M. Neutra. Car nous étions un groupe de penseurs axés sur la possibilité qui désirions faire quelque chose de plus grand ou de meilleur que ce qui avait été fait auparavant. Ceux qui axent leur pensée sur la possibilité sont incurablement obsédés par cette notion qui veut que « le meilleur reste encore à faire ».

Soyez un pionnier et devenez un exemple en laissant votre empreinte sur les pages de l'Histoire.

Les jours de grandes occasions ne sont pas encore arrivés!

Une des idées les plus nuisibles qui circule dans le pays est celle qui veut que les jours de grandes occasions soient révolus. La vérité est qu'il n'y a jamais eu une époque dans l'histoire de l'homme qui comportait plus de très grandes occasions pour des tas de gens que l'époque actuelle.

Un jeune étudiant du niveau secondaire me confiait récemment : « Je suis né cinquante ans trop tard. »

« Que veux-tu dire, John ? » lui demandai-je.

« Eh bien, il semble que tout ce qui est valable a été fait. On peut guérir la polio. Tous les terrains de la planète qui ont quelque valeur ont été achetés. L'automobile, l'avion et même les fusées ont déjà été inventés. Les plus grandes entreprises sont déjà établies, et les plus importants empires financiers sont organisés. J'ai le sentiment d'arriver trop tard dans l'histoire de la race humaine. »

« Mais John, lui dis-je, le meilleur est encore à venir. Pense aux jeunes hommes qui vivaient il y a six mille ans. Ils vivaient dans ce petit monde civilisé appelé le Croissant fertile qui se composait de l'Égypte, de la Phénicie et de Babylone dans la vallée du Tigre et de l'Euphrate. À ce moment de l'Histoire, il y avait peut-être un jeune homme qui pensait: *Je suis né cinquante ans trop tard! Le monde a été exploré. Il ne reste rien. Seulement de hautes montagnes au nord, un grand désert au sud, une immense étendue d'eau à l'ouest et rien d'autre que des montagnes inutiles à l'est.* Il devait sans doute y avoir des jeunes hommes qui disaient, il y a six mille ans: 'Je suis arrivé trop tard. Voilà les pyramides. Tout ce qui en vaut la peine a été fait.'

« Aujourd'hui nous savons qu'à cette époque la civilisation commençait à peine. Des siècles plus tard, le grand explorateur Marco Polo rapporta des histoires fantastiques à propos d'un vaste monde à l'est que l'homme n'avait jamais vu auparavant avec des bijoux, des épices, des parfums et de la soie. Aujourd'hui, en 1966, il nous reste à explorer les innombrables mondes de l'espace. M31 dans Andromède est une galaxie située à trois millions d'années-lumières de notre planète, la Terre. Si nous pouvions construire une fusée pouvant voyager à la vitesse de la lumière, cent quatre-vingt mille milles à la seconde, il faudrait aux futurs voyageurs de l'espace trois millions d'années juste pour parvenir aux abords de cette galaxie. Et John, la race humaine n'a pas encore commencé à explorer cet univers apparemment illimité!

«Et si cela est trop loin pour toi, considère ceci. Le fond de nos océans contient des mines de pierres et de métaux précieux qui n'ont pas encore été découvertes. Il y a des trésors enfouis qui attendent d'être découverts, des manuscrits anciens encore enfouis sous le sable dans des cavernes explorées à la hâte, au Moyen-Orient. Il y a d'importants problèmes mondiaux que nous n'avons pas commencé à résoudre, des maladies que nous n'avons pas vaincues, des peuples opprimés, encore à libérer. John, la race humaine commence à peine à vivre. Tu es arrivé au meilleur moment possible. Jusqu'ici, dans l'histoire de l'humanité, nous avons accumulé un vaste et important inventaire de téléphones, radios, transistors, fusées, antibiotiques, insuline, bouteilles d'oxygène, énergie atomique et ordinateurs. Nous avons l'équipement, Johnny; il reste à ta génération et à la suivante d'accomplir les grands exploits. Il y a une infinité d'occasions et de défis. Le meilleur est encore à venir!»

2. CHERCHEZ À FAIRE QUELQUE CHOSE QUI, SELON LA PLUPART DES GENS, «SERAIT MERVEILLEUX SI ÇA POUVAIT SE RÉALISER». Lorsque vous découvrez une idée qui «serait merveilleuse si elle était réalisable», vous êtes peut-être sur le point de saisir une grande occasion. Il est alors temps de vous rappeler que rien n'est impossible.

Au cours de la pièce *Cendrillon*, que l'on a pu voir à la télévision, l'un des comédiens déclarait: «Les gens sensés disent que c'est impossible, mais des choses impossibles se produisent tous les jours ! »

Les réalisations d'aujourd'hui étaient réputées impossibles hier encore

Joignez les rangs des faiseurs de miracles. Il y en a dans toutes les professions: médecine, religion, politique, arts, spectacles, construction, armée, ingénierie, affaires, etc.

Un journal local vient de publier un article concernant la compagnie Corning Glass, de New York. Ray Wasson, ingénieur chez ce fabricant de verre de réputation mondiale, s'empare d'un long et mince tube de verre, le laisse tomber, et le verre ne se brise pas. « En 1963, la compagnie a dépensé quinze millions de dollars pour la recherche d'un nouveau verre incassable et pour trouver une nouvelle utilisation au verre. C'est beaucoup d'argent, ajoute Wasson, mais si nous ne persistons pas à faire ce que tous croient impossible, nous finirons dans la fabrication de bouteilles de bière et de cerceaux. » Donc, l'occasion peut être une idée qui, de l'avis de tous, est « fantastique », mais considérée « irréalisable » par tout un chacun.

3. RECHERCHEZ LES OBSTACLES, EN VOUS RAPPELANT QUE TOUT OBSTACLE EST UNE OCCASION. Ce que d'autres considèrent comme un obstacle infranchissable, le penseur axé sur la possibilité le considère souvent comme un tremplin.

Les experts en gestion d'églises croyaient que de fonder une église dans un cinéma en plein air constituait un terrible désavantage. Nous croyions qu'il s'agissait d'une rare occasion. Nous pouvions imaginer que de nombreuses personnes seraient attirées par un cinéma en plein air, alors qu'elles ne fréquentaient peut-être pas les églises traditionnelles. Puisque personne d'autre n'offrait de cérémonies religieuses de ce type dans la région, nous y voyions la possibilité de combler un besoin vital. De plus, à cause de cela, nous avons reçu beaucoup de publicité. Nous étions au moins assez différents pour qu'on nous remarque!

Alors les gens négatifs suggérèrent que notre petite communauté constituait une espèce de risque.

Dix ans plus tard, je peux affirmer que ce que certains considéraient comme un désavantage était en fait un suprême avantage. Le nombre restreint de nos membres n'était pas un problème: Il nous a forcés à être imaginatifs, agressifs, à faire appel à nos ressources et à avoir l'esprit d'entreprise! Si nous avions eu la chance d'obtenir dès le départ 150 membres fidèles, nous nous serions peut-être reposés sur nos lauriers en disant: « Nous avons réussi! » Les risques de la prospérité sont souvent plus dangereux que les périls de la pauvreté.

Oui, les penseurs axés sur la possibilité sont véritablement des découvreurs d'occasions. Plusieurs des penseurs axés sur la possibilité que j'ai connus étaient des gens qui avaient toutes les raisons d'axer leur pensée sur l'impossibilité. Prenez l'exemple de Stanley Stein. Stanley Stein souffre de ce que l'on appelle malheureusement la lèpre. Il demeure à Carville, en Louisiane. Il ne peut quitter la léproserie. Il est obligé d'y rester jusqu'à ce que son mal cesse de progresser. Il est devenu aveugle. Il voulait mourir. Un jour, quelque chose d'étonnant se produisit. Cette pensée axée sur la possibilité lui vint à l'esprit:

Que puis-je faire avec ce qu'il me reste?

Et il constata qu'il était encore sain d'esprit. Il décida d'écrire un livre! Il allait devenir un auteur. Alors il se rendit à la bibliothèque et emprunta un livre sur la manière de devenir un écrivain. Et en retournant lentement à sa chambre, le livre à la lain, il rencontra son médecin. «Que tenez-vous là, Stanley?»

«Un livre, docteur.»

«Comment croyez-vous que vous allez réussir à le lire, Stanley?»

«J'essayerai de trouver quelqu'un, monsieur, qui me le lira.»

«Quel en est le titre?»

«Eh bien, c'est un livre sur la manière d'écrire pour gagner sa vie, docteur.»

«Mais Stanley, n'est-ce pas un livre étrange pour un aveugle?» demanda le médecin.

Mais Stein, qui axait sa pensée sur la possibilité, avait sa petite idée. Tout obstacle est une occasion. Il allait mettre à profit sa maladie et raconter son histoire de façon à ce que d'autres soient encouragés à surmonter leurs handicaps. Il s'achèterait un magnétophone, enregistrerait son livre et trouverait quelqu'un pour dactylographier le tout. Il ne se donna pas la peine d'expliquer cela au médecin. Sa décision était prise! Contrairement à tous ceux qui, autour de lui, vivaient une vie de morts-vivants désespérés, il avait décidé de se joindre aux vivants et d'entreprendre une campagne pour réintégrer la race humaine.

Il tourna son regard sans vie vers le médecin et lui annonça avec assurance: « J'ai encore toute ma tête, docteur, et je compte bien m'en servir. » Et il le fit ! Il écrivit et publia son histoire dans un livre à succès intitulé *Not Alone Any More*. Si vous aviez pu voir cet aveugle parcourant les terrains de l'hôpital, vous auriez vu un homme avec des radios à transistors dans sa poche et un magnétophone portatif en bandoulière. C'est ainsi qu'il communique, écrit, écoute de la musique et vit véritablement. Le secret? Il l'a résumé en ces mots: «Plutôt que de gémir sur tout ce que j'ai perdu, j'essaie de tirer le maximum de ce qu'il me reste.»

4. RECHERCHEZ LES PROBLÈMES. Presque tous les problèmes sont des occasions. Comme le dit la vieille expression: «Lorsque vous êtes suffisamment en colère pour jurer, il est temps d'inventer quelque chose.» Le succès consiste à trouver un besoin et à le combler. Et qu'est-ce qu'un besoin sinon un problème qui n'a pas trouvé sa solution? Alors recherchez les problèmes. Bien des problèmes sont des besoins humains qui ne sont pas comblés et qui représentent de grandes occasions. Les problèmes constituent souvent des occasions de vendre des idées. Croyez-vous que nous aurions pu vendre l'idée de construire une église en plein air d'un million de dollars si nous n'avions pas eu un véritable problème à résoudre?

L'un des plus grands penseurs axés sur la possibilité que j'aie jamais connus est le docteur Irwin Lubbers, ex-président du Central College de Pella, en Iowa. Il était à ce poste depuis un an lorsque la grande sécheresse de

1930 se déclencha, balayant le sable et la poussière et détruisant les récoltes de maïs et de blé, laissant le collège sans revenus. Le collège était dans une situation très délicate. Des hommes de moindre envergure que le docteur Lubbers auraient paniqué. Mais pour lui, tout problème recélait une possibilité. Il sentit que ce problème créait une grande occasion de faire appel aux riches industriels et professionnels de l'Est du pays. Car toute la population avait entendu parler des terribles tempêtes de sable de l'Iowa. Le docteur Lubbers déclara ceci : « Nous avons toujours été appuyés par les fermiers. Nous n'avons jamais demandé l'aide de quiconque. Et même si vous avez envoyé vos fils et vos filles dans cette petite ville de l'Iowa pour les faire instruire, les fermiers ont toujours joyeusement et fièrement accepté le fardeau financier que cela supposait. Mais aujourd'hui, sans qu'ils en soient responsables, ils se retrouvent sans le sou. Allez-vous nous aider ? » Les riches supporters des universités de la Nouvelle-Angleterre entendirent soudain parler de ce petit collège de l'Iowa et décidèrent de lui venir en aide ! Et il le firent généreusement. Et cet intérêt et cet appui se poursuivent encore aujourd'hui, plusieurs décennies plus tard.

5. CONCENTREZ-VOUS SUR LES SECTEURS NÉGLIGÉS DE LA VIE. La chimie moderne peut transformer à peu près n'importe quel produit de rebut en une entreprise utile et rentable. Pouvez-vous trouver quelque chose que l'on rejette comme étant sans valeur ? Un comptable auprès d'une usine d'emballage de la viande du Midwest a déclaré : « La seule partie de l'animal que nous ne conservons pas, c'est son cri. » Y a-t-il une propriété qui vous semble sans valeur ? Une région marécageuse du sud de la

Californie était considérée sans valeur jusqu'à ce qu'un entrepreneur innovateur imagine de creuser dans les terrains des canaux menant à un merveilleux lac, les canaux adoptant la forme d'une roue. Il imagina de construire des maisons au bord de ces canaux, avec un quai privé pour chaque propriétaire. Il a gagné des millions avec cette idée. Pensez à l'argent gagné grâce aux rebuts, aux ordures et aux engrais !

Il y a eu la mine de gypse près de Grand Rapids, au Michigan, ouverte en 1907. C'était une entreprise d'un million de dollars avec des centaines d'employés travaillant sous terre, jusqu'en 1943 où on considéra la mine tarie. Un découvreur d'occasions imaginatif, Paul Kragt, y trouva du potentiel, car les tunnels se maintenaient à une température constante de cinquante degrés. Cette vieille mine de gypse est aujourd'hui la très prospère Michigan Natural Storage Company. Les tunnels de la mine, faciles d'accès et bien éclairés, ont été transformés en secteurs réfrigérés autonomes, et des équipements de réfrigération maintiennent ces secteurs à une température de zéro degré. La mine entière est maintenant un entrepôt unique et très rentable. Dindes, pommes, œufs, noix, pommes de terre, cornichons et bœuf ne sont que quelques-unes des denrées entreposées sous terre à la Natural Storage Company.

Ne négligez pas les supposés déchets. De précieuses antiquités ont été découvertes dans des dépotoirs. Certains des plus grands talents d'Amérique ont été mis de côté. Notre Conseil national des missions met à la retraite, selon les normes arbitraires basées sur l'âge, certains des travailleurs les plus efficaces au monde. C'est chez ceux-ci que j'ai trouvé l'un de mes meilleurs employés actuels. Cherchez parmi les êtres humains que la société écarte dédaigneusement. Je suis convaincu que:

Presque tout le monde représente une occasion pour quelqu'un!

6. UNE FOIS QUE VOUS AVEZ DÉCOUVERT CE QUI SEMBLE ÊTRE UNE OCCASION, DONNEZ À L'IDÉE LA CHANCE DE SE DÉVELOPPER, MAIS NE VOUS METTEZ PAS À L'ŒUVRE AVEUGLÉMENT, SANS VOUS POSER DES QUESTIONS SENSÉES. Effectuez une étude de faisabilité. Laissez l'étude déterminer les possibilités de succès d'une idée avant de tout y investir.

Le penseur axé sur la possibilité ne se lance pas inconsidérément dans une idée positive, quelle qu'elle soit. Alors examinez les possibilités de succès d'une opportunité. Étudiez toutes les idées positives en vous posant les questions relatives à leurs possibilités de réussite. Il y a des questions négatives et des questions positives. Le penseur axé sur l'impossibilité réagit immédiatement à presque toute idée positive par des questions négatives du genre: « Combien cela coûtera-t-il? Est-ce que cela a toujours été notre politique? Avons-nous le temps de nous occuper de cela maintenant? Est-ce que cela a déjà été tenté avec succès? »

Nous avons depuis longtemps une règle de base au conseil d'administration de la Garden Grove Community Church qui stipule qu'il n'est permis à personne de réagir à une idée positive par de telles questions. Ces questions font partie de la mentalité hérétique des penseurs axés sur l'impossibilité.

Toutefois, voici quatre questions permettant de déterminer les chances de succès, de mesurer les possibilités et de tester les occasions que recèle une idée, et chacune de ces questions doit recevoir une réponse affirmative en provenance de gens compétents avant que l'idée positive puisse dépasser l'étape du rêve.

Quatre questions à poser

1. LE SERVICE OU LE PRODUIT PROJETÉ COMBLERA-T-IL UN BESOIN HUMAIN VITAL? On a souvent dit que:

> *Le secret de la réussite consiste à trouver un besoin et à le combler.*

Prodiguer un service qui répond à un besoin fait partie du secret de la réussite. Pour cette raison, l'industrie moderne effectue des études de marché avant de fabriquer un produit. Combien de gens désireront le produit ou pourront en bénéficier? Avant que les membres de notre Église décident de plonger et de construire une église intérieure-extérieure, nous devions être certains que cela comblerait un besoin humain. Cette église est une réussite parce qu'elle répond par l'affirmative à cette première question. On me demande souvent: «Qui veut fréquenter une église en plein air?» Bien des gens.

Il y a la femme dont les jambes ont été amputés à l'aine.

Il y a les parents d'un enfant mentalement handicapé que l'on ne peut laisser à la maison ou à la garderie de l'église.

Il y a la femme qui vient juste de perdre son mari. Présentement, elle ne peut pénétrer dans une église sans pleurer. Gênée, elle cesse de fréquenter l'église. Assise seule dans son automobile, elle peut donner libre cours à sa peine sans qu'on la remarque.

L'église en plein air est une réussite parce qu'elle est pratique et qu'elle comble un besoin humain vital.

2. CELA SERA-T-IL UNE INSPIRATION POUR LES GENS? Les êtres humains sont attirés en grand nombre par l'individu, l'institution, l'idée ou le projet qui est source d'inspiration pour le cœur et l'esprit humain.

Pouvions-nous construire une église intérieure-extérieure, la concevoir et la développer de manière à ce que l'édifice et les terrains soient une source d'inspiration ? Le penseur axé sur la possibilité sait que la beauté est une source d'inspiration majeure. Par conséquent, nous avons rapidement imaginé l'église en plein air comme un endroit qui pourrait allier le charme des vieilles missions espagnoles, la sérénité des parcs les plus merveilleux, la tranquillité d'une forêt montagneuse et la vivacité spirituelle des plus grande églises du monde. Si nous pouvions développer notre église selon ces principes, nous obtiendrions quelque chose qui serait non seulement pratique, mais qui serait aussi une très grande source d'inspiration.

Mais la vérité tragique est que bien des gens pratiques échouent parce qu'ils ne veulent pas investir dans la beauté. La beauté est pratique parce qu'elle est source d'inspiration. Celui qui réussit est celui qui réalise que l'argent dépensé en belles pelouses, en belles fontaines et en merveilleux arbres, est une dépense qui attire les gens et se rembourse d'elle-même. Car les gens sont attirés par tout ce qui est beau. Richard J. Neutra, dans son livre intitulé *Life and Shape*, dit ceci : « Le fait de couper les arbres et de mettre de l'asphalte ou du ciment là où il y avait du gazon à arroser de temps à autre n'est pas pratique. Car cela offense le regard et le désir subconscient de beauté bien plus qu'on ne le réalise. Nous devons nous éduquer et admettre qu'il n'y a rien de plus pratique ou réaliste qu'une vie saine. Et une vie saine exige de la beauté et de l'amour. »

3. CE PROJET PEUT-IL ÊTRE RÉALISÉ DE MANIÈRE EXCELLENTE OU EXCEPTIONNELLE? Il n'y a pas longtemps, je suis entré chez un marchand de chaussures à Como, en Italie. J'ai demandé au propriétaire: « Comment vont les affaires? » Ses yeux pétillaient. Sa figure rayonnait de joie, d'énergie et d'enthousiasme, et il me dit : « Fantastique! Parfait! Parce que nos chaussures sont les meilleures! » Et sans me donner la chance de mettre sa parole en doute, il poursuivit : « Lorsque vous avez un produit de qualité moyenne, vous avez quelque chose qui est difficile à vendre. Mais lorsque vous avez ce qu'il y a de mieux et que vous le savez, vous n'avez aucune difficulté à vendre. » L'excellence est l'une des clés du succès.

Une personne de notre communauté, maintenant octogénaire, qui axe sa pensée sur la possibilité, avait l'habitude de fabriquer des gâteaux pour les foires et les expositions. Elle gagnait très souvent le premier prix dans presque toutes les catégories. Son secret? « Mon idée de la vie consiste à tout faire juste un peu mieux que tout le monde, » disait-elle. L'excellence réussit parce que l'excellence attire l'attention. Le jour où les États-Unis ont réussi leur premier atterrissage en douceur sur la lune, plusieurs mois après que la Russie y eut envoyé des caméras, un éminent scientifique américain déclara: « Ce qui compte, ce n'est pas d'être le premier, mais le meilleur. »

Dans notre société d'intense concurrence, l'américain moyen est si affairé qu'il n'a pas le temps de réfléchir. Si vous voulez attirer son attention, vous devez l'impressionner. Souvent, la seule manière de l'impressionner est de faire quelque chose d'exceptionnel. Votre réalisation doit être la plus grande, ou la plus petite; la plus chère, ou la moins chère; la première en son genre, ou celle qui existe depuis le plus longtemps; d'une manière ou d'une autre, ce doit être quelque chose qui excelle. J'ai déclaré à tous les membres de mon personnel que j'accueillerais toutes les suggestions qui contiennent un superlatif.

Pensez grand: Les grandes idées ont une bien meilleure chance de réussite. Cet axiome est familier. Nous avons découvert, au cours de nos dix ans d'existence, qu'il est bien plus facile de réunir un million de dollars pour une Tour de l'Espoir que de réunir mille huit cents dollars pour un nouveau lave-vaisselle.

Mais la grandeur ne garantit pas automatiquement le succès. Le dinosaure était le plus grand animal terrestre mais il n'a pas survécu. Un proverbe chinois nous met en garde contre la grandeur juste pour la grandeur: « En eaux peu profondes, les crevettes se rient des dragons. » Lorsque les grandes idées réussissent, c'est simplement parce qu'elles étaient aussi pratiques ou inspiratrices qu'exceptionnelles. La grandeur pour la grandeur est dangereuse. La clé réside dans l'excellence. Ce projet peut-il être à la fois monumental et utile? Une idée qui est à la fois exceptionnelle et pratique est presque toujours fructueuse.

4. CE PROJET EST-IL VRAIMENT DIFFÉRENT? EST-CE LA PREMIÈRE FOIS QU'ON LE RÉALISE? COMPORTE-T-IL LA POSSIBILITÉ DE SERVIR D'EXEMPLE? Presque tout ce qui est fait peut être fait différemment et mieux. Faites-le différemment et exceptionnellement. Dans un monde de grande concurrence, la réussite appartient à l'exceptionnel si l'exceptionnel est excellent. Soyez différent, soyez pratique, soyez une source d'inspiration et vous finirez par développer quelque chose qui sera une réussite exceptionnelle. Soyez un exemple. Faites-vous, en tant qu'individu ou institution, la réputation d'être le premier à trouver un programme, une proposition ou un projet nouveau, excitant, pratique et merveilleux.

Au moment où vous lirez ces lignes, nous aurons construit le plus haut clocher d'église de Californie. Lorsque nous avons envisagé de développer une grande église sur notre terrain de dix acres, nous savions que les proportions de la propriété exigeaient que nous érigions un grand clocher avec l'église. « Alors donnons à notre principal clocher une hauteur de 75 mètres », avons-nous pensé. Cela était une excellente idée qui devait passer le test des quatre questions. Cela serait-il pratique? Un clocher de 75 mètres de hauteur comblerait-il un besoin humain vital? Ou serait-ce simplement un grand monument destiné à soutenir une faible cloche et à héberger des pigeons? Si le monument pouvait aussi être un outil, il valait d'être envisagé sérieusement.

Je me souviens avoir entendu quelqu'un qui dit immédiatement : « Il n'y a pas moyen de justifier un clocher d'une telle hauteur. Cela n'est tout simplement pas pratique. » Je n'étais pas d'accord. Pourquoi ne pas y installer des ascenseurs? Ne pouvions-nous pas avoir une chapelle à l'étage supérieur ? Ne serait-ce pas une grande source d'inspiration que de prier au-dessus des bruits du monde ? Notre imagination se mit à l'œuvre afin de trouver des réponses positives aux quatres questions. Oui, nous pouvions utiliser des ascenseurs à grande vitesse et diviser la tour en 2 250 mètres carrés de bureaux et de classes, avec une clinique psychologique et une salle du conseil assez haute pour que les dirigeants de l'église, dans leurs moments de réflexion et de prise de décisions, ne soient pas emmurés tout bonnement entre quatre murs mais soient installés bien haut, incapables de limiter leur vision et en mesure de voir les lumières de centaines de milliers de voitures, maisons et bureaux. Ils seraient instinctivement forcés de voir loin, de penser grand et de viser haut.

L'idée fut acceptée. Le plan fut approuvé. Car tout à coup la tour était (1) pratique, (2) une source d'inspiration, (3) excellente (elle serait, pendant un certain temps du moins, la plus haute tour du comté), (4) différente. Les églises ont déjà utilisé des clochers pour abriter des bureaux, mais jamais il n'y a eu de merveilleux clocher conçu dans un style international d'architecture pour servir de bureaux, de chapelle, de salle du Conseil, de bas en haut ! C'est un projet qui s'avérera sans aucun doute exemplaire.

Nous avons posé les bonnes questions. L'idée a passé le test du succès en quatre points. Nous étions convaincus qu'il s'agissait là d'une autre fabuleuse occasion qui méritait d'être saisie avec enthousiasme.

Quelqu'un aurait dû me rappeler qu'une fois que vous avez saisi une occasion, vous pouvez vous attendre à de grands problèmes.

6

Il y a une solution à chaque problème

Si vous voulez saisir les occasions qui se présentent, préparez-vous alors à de gros problèmes, mais accueillez aussi les problèmes, car

> *Les problèmes rendent la vie intéressante.*

Norman Vincent Peale raconte l'histoire suivante. Un homme l'aborda dans une rue de New York et lui dit : « Révérend, j'ai des problèmes ! » Le docteur Peale lui répondit : « Eh bien, je connais un endroit non loin d'ici qui a une population de quinze mille habitants et où personne n'a de problèmes. » Troublé, son ami lui dit : « Où est cet endroit ? J'aimerais y habiter. » Et le docteur Peale répondit : « C'est le cimetière Woodlawn, dans le Bronx ! » Oui, seuls les morts n'ont aucun problème. Si vous voulez vivre vraiment, vous devez oser vivre aventureusement. *Chaque aventure génère ses propres difficultés particulières. Vous pouvez vous mettre à l'abri des problèmes en vivant une vie de prudence extrême, mais vous risquez de mourir d'ennui.*

Ceux qui axent leur pensée sur la possibilité savent que les problèmes sont des défis qui nous gardent jeunes et nous évitent de mourir d'ennui. Celui qui ne fait face à aucun problème ne fait face à aucun défi. Celui qui ne fait face à aucun défi ne connaît aucune joie dans la vie. Il connaît rapidement l'ennui, et l'ennui est la seule véritable vieillesse et l'antichambre de la mort. Ceux qui saisissent les occasions sont des gens qui pensent grand, parlent grand et osent essayer, et qui se généreront à coup sûr des problèmes. L'importance des problèmes sera directement proportionnelle à l'importance du rêve.

J'ai récemment saisi une occasion qui a généré un problème important. Il y a plusieurs années, lorsque monsieur Neutra et moi discutions de notre rêve d'une église intérieure-extérieure, je lui dis: « Construisons une église qui reflétera l'atmosphère du psaume 23: eaux dormantes et verts pâturages. » Au même moment, sans que nous le sachions, un sculpteur de réputation mondiale installé dans son studio, vingt kilomètres plus loin, décida de créer le Bon Berger en bronze. Alors Henry Van Wolf entreprit une tâche qui allait requérir six mille heures, trois ans de travail et un investissement de plusieurs milliers de dollars. Premièrement, le modèle à une échelle réduite, puis le grand modèle en terre glaise, suivi du moule de plâtre, qu'il emballa et expédia de son studio de Van Nuys, en Californie, à Munich, en Allemagne, où un Christ entouré de quatre brebis fut coulé dans le bronze.

D'un poids d'une tonne et demie, le Christ, d'une hauteur de 2,3 mètres, fut emballé et expédié par bateau à New York, puis transporté par chemin de fer à travers les États-Unis, jusqu'à Van Nuys. Là, dans une vieille grange, la sculpture fut nettoyée, polie puis recouverte de feuilles d'or de vingt-deux carats. Par hasard, le sculpteur visita notre église et fut grandement impressionné par les eaux dormantes et les verts pâturages qui bordent la Garden Grove Community Church. « C'est vraiment ici que la statue doit aller, dit monsieur Van Wolf. Mais j'attends une actrice célèbre à mon studio aujourd'hui, et je suis certain qu'elle va l'acheter. » Je lui dis : « Attendez une semaine afin que je puisse réunir le conseil d'administration de l'église et qu'ils aient la chance de l'acheter. » Il répondit fermement : « Révérend, je ne peux attendre une semaine. J'ai besoin de l'argent. Je dois la vendre aujourd'hui si elle la désire. Et je suis certain qu'elle la désirera. »

À ce moment, je pouvais visualiser clairement la statue dans le vert pâturage, à côté des eaux dormantes ; cela allait inspirer des centaines de milliers de personnes au cours des siècles à venir. Ma foi à la recherche de grandes occasions était sur le point de me causer un problème. Les règlements de notre corporation stipulent que je dois donner un avis écrit six jours avant la tenue d'une réunion spéciale du conseil. Mais le sculpteur ne voulait pas attendre six jours. « Monsieur Van Wolf, lui dis-je, réfléchissant rapidement. J'achète la statue ! » (Le prix était de vingt et un mille dollars.) « Je vais vous donner sept cents dollars aujourd'hui. » (J'avais sept cents dollars dans mon compte d'épargne.) « Et je vais vous verser deux mille trois cents dollars au cours des deux prochains mois, pour une mise initiale totale de trois mille dollars. Je vous verserai ensuite cinq cent dix-sept dollars et soixante dix-sept cents par mois pendant les trente-six prochains mois, ce qui inclut l'intérêt. »

«Eh bien révérend, je crois que c'est là que Dieu veut la statue, et c'est là que je désire qu'elle soit. J'accepte votre offre.»

Et sur ce, nous avons signé une entente. Deux semaines plus tard, le Bon Berger nourrissant les brebis était reflété dans les eaux dormantes à côté de la Garden Grove Community Church aux murs de verre. Il y est toujours. J'ai réussi à réunir les trois mille dollars de la mise initiale. Au moment où vous lirez ces lignes, cette œuvre impérissable et inspiratrice sera payée grâce à des offrandes de gens qui apprécient le chef-d'œuvre.

Une chose est certaine: Occasion est synonyme d'aventure. Et toute entreprise entraîne ses problèmes particuliers.

Comment ceux qui axent leur pensée sur la possibilité font-ils face à leurs problèmes ? Ceux qui axent leur pensée sur la possibilité attaquent leurs problèmes de front et avec calme parce qu'ils possèdent l'art de maîtriser les problèmes. Comment s'y prennent-ils ? Voici huit attitudes d'esprit fondamentales à posséder pour faire face aux éternels problèmes.

1. ATTENDEZ-VOUS À DES PROBLÈMES. Ne soyez pas surpris lorsque les problèmes surviennent. Attendez-vous à des problèmes et vous ne paniquerez pas. Ceux qui axent leur pensée sur la possibilité ne sont pas de simples rêveurs qui ne s'attendent à aucune difficulté. Au contraire, ce sont des gens réalistes qui savent qu'ils auront leur part de douleur, de peine et de difficultés. Alors ils s'endurcissent extérieurement, tout en gardant un cœur tendre. Soyez dur avec vous-même. Parlez-vous brutalement, durement et sévèrement. Personne d'autre n'osera

le faire à votre place ! Personne d'autre ne pourra vous le dire et s'en tirer ! *Dans les moments difficiles, je me dis: «Ne sois pas un enfant; sois adulte, sois un homme!» Vous êtes le seul qui puissiez vous parler efficacement. Attendez-vous à des difficultés.* L'homme le plus doux que j'aie jamais rencontré est aussi le plus dur. Il s'appelle Frank Leahy, et il est entraîneur de l'équipe de Notre-Dame. Alors que nous discutions dans mon bureau, son visage chaleureux rayonnait de douceur et de dureté (une heureuse combinaison de succès), alors qu'il me disait: «Dans le vestiaire de Notre-Dame, nous avions une phrase affichée au mur: Lorsque les choses deviennent difficiles, les durs vont de l'avant.»

Parce que vous savez que les problèmes sont inévitables, vous essayez de les prévoir avant qu'ils ne surviennent. Les gens avisés ne saisissent jamais d'occasions sans se demander quels sont les problèmes auxquels ils peuvent raisonnablement s'attendre, toujours convaincus que d'une manière ou d'une autre, ils pourront résoudre ces problèmes. En prévoyant vos problèmes, vous pouvez imaginer une variété de solutions possibles. Et lorsqu'un problème survient, vous êtes prêt à y faire face. Le cadre supérieur prévoit les problèmes plusieurs années à l'avance et envisage une série de solutions possibles. Prévoyez vos problèmes ! Nul problème ne fous affectera aussi longtemps que vous pourrez le prévoir.

À quels genres de problèmes pouvez-vous vous attendre?

Si vous désirez que votre expérience serve d'exemple, attendez-vous à connaître des problèmes avec les gens, surtout ceux qui sont enracinés dans la tradition. Ceux qui axent leur pensée sur la possibilité peuvent s'attendre à des problèmes avec les gens qui ont naturellement tendance à résister au changement.

Toute idée finit, un jour ou l'autre, par être coûteuse. Attendez-vous à des problèmes avec des gens qui refuseront de risquer du capital, de dépenser de l'argent ou de faire des sacrifices d'ordre financier. Soyez prêt : La foi génère de grands problèmes.

Est-ce pour cela que bien des gens ne veulent pas vraiment axer leur pensée sur la possibilité? Est-il possible que la crainte des problèmes soit la cause majeure de la pensée axée sur l'impossibilité?

2. VOYEZ VOTRE PROBLÈME TEL QU'IL EST. Évitez la tendance naturelle qui consiste à exagérer un problème, une erreur souvent fatale que l'on retrouve chez la personne affectée par un complexe d'impossibilité. L'être humain moyen a un talent fantastique pour faire des montagnes avec des riens. Je me souviens d'une femme qui est venue à mon bureau pour me dire: «J'en ai assez. Je vais divorcer.»

«Boit-il?» demandai-je à la femme troublée.

«Oh non!» me répondit cette femme exaspérée.

«Sort-il avec d'autre femmes?» demandai-je.

«Non, aucun problème de ce côté», répondit-elle.

«Refuse-t-il de travailler? Ou est-il joueur?» demandai-je.

«Non! Non! Je dois dire qu'il est très correct à ce sujet», répondit-elle.

«Vous bat-il? Vous frappe-t-il?» demandai-je.

« Non, Dieu merci ! » Ma question la choquait.

« Eh bien, est-il homosexuel ou narcomane ? » demandai-je.

« Bien sûr que non ! » répondit-elle d'un air indigné.

« Alors, conseillai-je, réfléchissez avant de divorcer. Je connais une centaine de femmes qui vont lui courir après aussitôt que vous le quitterez. »

« Vous savez, dit-elle d'un air pensif, il n'est probablement pas si mauvais après tout. »

Un éminent homme d'affaires se présenta un jour au bureau du réputé ministre bostonnais Phillips Brooks. Presque hystérique, l'homme d'affaires lança à son pasteur : « Avez-vous lu le journal de ce matin ? Je suis ruiné ! » Le sage ministre calma l'homme d'affaires et lui dit : « Un instant. Je n'ai pas lu le journal. Je suis abonné à un autre journal. La moitié de la population de la ville ne lit pas ce journal. L'autre moitié ne lit que la première page, les titres et les bandes dessinées. Les quelques personnes qui en lisent davantage liront probablement la page financière, d'autres la page des sports et d'autres encore les pages féminines. À mon avis, moins d'un pour cent des lecteurs y liront votre nom. Et ceux qui le liront ne seront pas intéressés et oublieront ce qu'ils ont lu. Ceux qui vous connaissent ne le croiront pas. »

Méfiez-vous de la tentation d'exagérer le sérieux, la portée et l'intensité de vos problèmes.

3. ACCUEILLEZ LES PROBLÈMES, CAR CE SONT EUX QUI MÈNENT VERS LE SUCCÈS. Ils défient l'imagination. Tout problème pousse celui qui axe sa pensée sur la possibilité à penser plus grand, à investir plus d'argent, plus de temps, à con-

server plus d'énergies, à se trouver des associés plus avisés, à mettre sur pied une nouvelle division à l'intérieur de sa corporation ou à réorganiser toute son entreprise.

Développez cette attitude et vous ne deviendrez pas tendu, brutal, irritable, rancunier, jaloux, cynique ou découragé lorsque vous serez confronté à des problèmes. Sachez que tout problème peut mettre en action les muscles générateurs d'imagination. Par conséquent, tout problème peut vous rendre plus fort. Soyez confiant qu'en gardant une attitude axée sur la possibilité, vous serez capable de tirer profit de vos problèmes. Alors accueillez les problèmes et ils ne vous nuiront pas. Au contraire, ils vous stimuleront et vous motiveront.

Voici comment percevoir les problèmes:

Les problèmes sont des guides, et non des obstacles insurmontables!

Les grands problèmes ne doivent pas être perçus comme des indications d'abandon.

Lorsqu'elle perdit son mari il y a quelques années, cette jeune mère décida de ne pas s'apitoyer sur elle-même. «Eh bien, je crois que cela est une occasion pour moi de me bâtir une carrière», se dit-elle. Et elle le fit. Elle devint une dactylo accomplie et obtint rapidement un poste de secrétaire.

Tout semblait bien aller pour Virginia Hayter lorsqu'elle commença à ressentir des douleurs au bout des doigts. Son travail avait agravé une maladie sérieuse qui porte le nom de sclérodermie. Il y eut infection, et les médecins qu'elle consulta lui conseillèrent l'amputation de plusieurs doigts des deux mains.

Je lui rendis visite à l'hôpital. Elle souriait, la tête enfoncée dans l'oreiller blanc. Ses deux mains pansées étaient posées sur la couverture. « Comment allez-vous, Virginia ? » lui demandai-je avec sympathie.

« Oh, très bien, révérend », répondit-elle en souriant courageusement. Nous avons parlé, puis j'ai prié. Peu après, j'ai remarqué ses larmes. « La seule chose à laquelle je pense de temps à autre, dit-elle doucement, c'est ce que je vais faire si je ne peux dactylographier. » Et puis, répondant à sa propre question, elle ajouta : « Je suis certaine que chaque fois qu'une porte se ferme, une autre s'ouvre. »

« J'en suis certain aussi, Virginia », lui répondis-je.

« Je devrai apprendre à dactylographier avec mes mains mutilées ou bien me trouver un meilleur travail ! » affirma-t-elle courageusement.

> *Chaque fois qu'une porte se ferme, une autre porte s'ouvre.*

Deux mois plus tard, elle me rendit visite à mon bureau. « Comme je l'avais dit, chaque fois qu'une porte se ferme, une autre s'ouvre. Mon chef de service était en vacances la semaine dernière, et le grand patron cherchait quelqu'un qui pourrait faire des analyses de coûts. Il a examiné les dossiers des membres du personnel et il avait l'impression que je pourrais le faire, alors il m'a téléphoné et m'a demandé si je serais intéressée à devenir une analyste des coûts. Il m'a dit: 'Peut-être perdrez-vous vos talents de dactylo, mais vous pourrez éventuellement gagner beaucoup plus d'argent.' Aujourd'hui, elle réussit très bien comme analyste des coûts. « Dites aux gens, révérend, dit-elle, que les problèmes sont des guides, et non des indications d'abandon. »

Ne vous laissez pas contrarier par vos problèmes: Laissez-les vous orienter vers quelque chose de plus grand et de meilleur!

4. SOUVENEZ-VOUS QUE TOUT PROBLÈME REPRÉSENTE UNE NOUVELLE OCCASION. Le regretté député Clyde Doyle était un membre actif de mon église et un grand ami personnel. Je me souviens d'une époque où il s'est trouvé impliqué dans une grande controverse nationale. Étant donné qu'il était membre de notre église, je sympathisai beaucoup avec lui lorsque je vis son nom injustement attaqué par la presse. Je lui demandai un jour comment il allait réagir, et il répondit: « En politique, nous sommes d'avis que même la critique peut nous aider. Ce qui est important pour un politicien n'est pas la façon dont on parle de lui, mais le fait que l'on en parle. Même la critique est préférable au silence. Tant que l'on parle de nous, nous ne risquons pas de tomber dans l'oubli. Lors des élections, la majorité vote pour le nom le plus familier. La plupart des électeurs se souviennent encore du nom longtemps après avoir oublié ce que l'on disait de la personne. »

Un autre de mes amis s'est trouvé impliqué dans une controverse, et sa conduite a été critiquée dans l'un des plus importants magazines hebdomadaires d'information du pays. « J'aime la critique, me dit mon ami qui axait sa pensée sur la possibilité. Cela me fournit l'occasion de répondre à mes critiques. J'ai l'occasion de faire une déclaration publique et d'énumérer avec enthousiasme tout le bien que je fais, que j'ai fait et que je prévois faire. Sans la critique, je ne pourrais jamais bénéficier de cette chance de révéler mes projets à un auditoire d'une telle importance. »

N'est-ce pas merveilleux de voir toutes les possibilités créatrices que recèle chaque problème ?

Alors que je donnais une conférence à l'Université du Pacifique de Stockton, en Californie, je fus impressionné par la magnifique tour qui garde l'entrée de ce merveilleux campus. La haute structure néo-gothique s'élève majestueusement au milieu d'un vaste îlot gazonné situé à l'entrée du campus. Il s'élève à 45 mètres ; c'est vraiment un très beau monument. Le docteur Robert Burns, président de l'université, m'a raconté cette remarquable histoire. Il y a quelques années, on a connu une pénurie d'eau et on a fait appel à des ingénieurs pour étudier le problème. Ceux-ci ont déclaré : « La seule solution est d'ériger un nouveau château d'eau. » Ils insistaient sur le fait que le nouveau château d'eau devait être placé immédiatement à l'entrée du campus. La pensée d'un laid, d'un monstrueux réservoir d'eau placé à l'entrée même des terrains de l'université semblait horrible au docteur Burns. Mais les ingénieurs étaient inflexibles. Ils donnèrent un ordre ferme : « *Le château d'eau est essentiel et devra s'élever à l'entrée.* » Mais cette structure pourrait peut-être adopter une forme sublime. Le résultat ? Le château d'eau fut érigé. On construisit tout autour, sur une surface de neuf mètres carrés, des murs de ciment s'élevant à 45 mètres de hauteur. On dissimula le réservoir derrière des vitraux qui couvraient les 15 mètres du sommet. Plus bas, les deux tiers de la tour furent divisés en neuf étages qui abritent aujourd'hui des bureaux modernes, une salle du conseil et une station radiophonique. Peu d'administrateurs d'universités bénéficient d'une vue plus magnifique, de la fenêtre de leurs bureaux, que ceux de l'Université du Pacifique. Et peu d'universités américaines ont une particularité architecturale plus attrayante pour accueillir les étudiants et les dignitaires en visite que l'Université du Pacifique.

Toute contrarité recèle une possibilité.

5. DRESSEZ UNE LISTE DE SOLUTIONS POSSIBLES. Reprenez l'exercice de la pensée axée sur la possibilité, et imaginez toutes les manières possibles de résoudre votre problème. Si une solution s'avère infructueuse ou inefficace, passez à la seconde solution indiquée sur votre liste. Refusez d'accepter la défaite. Il faut qu'il y ait une solution. Peut-être devrez-vous penser plus grand. Peut-être devrez-vous faire modifier les lois. Peut-être devrez-vous inventer une machine ou un produit entièrement nouveau. Peut-être devrez-vous mettre sur pied un nouveau service. Réfléchissez de façon innovatrice!

Ceux qui axent leur pensée sur la possibilité sont des gens pleins de ressources. Ils suivent la vieille maxime qui dit que lorsque la volonté y est, il y a toujours un moyen. L'une de mes premières expériences dans la nouvelle ville de Garden Grove a été de rencontrer six ministres protestants au cours d'une réunion. «Combien de maisons y a-t-il dans la ville?» demandai-je.

« Quatorze mille », répondit le pasteur méthodiste.

« Avez-vous recensé ces gens pour connaître leur appartenance religieuse ? » demandai-je. Tous se mirent à sourire et me répondirent par la négative. « Réunissons toutes les églises et recensons les quatorze mille foyers afin de voir à quelle église appartient chacun, et sollicitons ceux qui n'ont aucune appartenance religieuse ! » suggérai-je. Leur réaction ne fut pas très enthousiaste : « Visiter quatorze mille foyers ? C'est impossible. Savez-vous combien de temps cela prendrait ? Avez-vous pensé à l'ampleur du projet ? » Et ces questions négatives détruisirent l'idée sur-le-champ.

Je confiai ma déception à un homme d'affaires, membre de mon église, qui axait sa pensée sur la possibilité. « Quatorze mille ? C'est bien simple ! dit-il. Tout ce qu'il nous faut, c'est quarante personnes qui s'engageront à visiter trois cent cinquante foyers. Ma femme et moi allons parcourir lentement, en voiture, chaque rue de cette ville, nous allons noter chacune des adresses sur des feuilles de papier, à raison de trente-cinq adresses par feuille. Nous donnerons ensuite à chaque volontaire dix feuilles de trente-cinq adresses chacune, pour un total de trois cent cinquante foyers à visiter. »

Très bonne idée ! Deux semaines plus tard, cet homme revint me voir avec la liste de toutes les adresses de la ville. *Il déposa sur mon bureau quatre cents feuilles de papier contenant trente-cinq adresses chacune, un total de quatorze mille adresses.* « Maintenant, dit-il, il ne nous reste qu'à trouver quarante personnes qui accepteront de se charger de dix feuilles chacune, qui iront sonner aux portes, poser deux questions simples et polies, noter les réponses sur ces feuilles et les rapporter ici. »

Alors nous avons fait appel aux gens. La grande et formidable idée de recenser la ville entière en deux semaines constituaient une puissante motivation. Quarante personnes se portèrent volontaires. Elles assistèrent à un merveilleux dîner d'où elles repartirent avec dix feuilles d'adresses. Chacun de ces quarante volontaires rentra chez lui, ce vendredi-là, prêt à entreprendre le travail dès le lendemain matin. À la fin de ce samedi, plus de sept mille personnes avaient été contactées. Le samedi suivant, les quatorze mille foyers avaient été recensés. Quarante penseurs axés sur la possibilité ont accompli ce que six diplômés d'universités et de séminaires considéraient impossible.

Il n'y a aucun doute qu'il existe une solution à chaque problème !

Ce que vous faites de votre problème est bien plus important que l'impact qu'a ce problème sur vous.

Le docteur Frank Barron et ses associés étudient la nature humaine à l'Institute of Personality Assessment and Research de l'Université de la Californie. Le docteur Barron raconte l'histoire d'un jeune homme interviewé à l'institut. Lorsque ce jeune homme était adolescent, sa mère a été atteinte par une maladie mentale dont elle ne s'est jamais remise. Ce qui n'aidait en rien, elle vivait à la maison la plupart du temps. Le père était alcoolique et il avait tendance à déserter le foyer, abandonnant ainsi sa famille à plusieurs reprises. De plus, à cause de la crise des années 1930, la famille connut de sérieuses difficultés financières. Ces antécédents auraient dû produire une personne mésadaptée, mais au contraire, les contrariétés de ce jeune homme lui ont valu de développer une force de caractère qui lui a permis d'obtenir la plus haute note lors du test de personnalité de l'institut. Le docteur Barron déclare que *« l'on acquiert une personnalité saine parce que l'on réagit aux problèmes, et non parce qu'on n'a pas de problèmes.* »

Tirez profit de vos problèmes, de vos crises et de vos difficultés.

Il n'est pas étonnant que celui qui axe sa pensée sur la possibilité maintienne un degré surprenant d'imperturbabilité face à ses problèmes personnels ou professionnels. Il voit de grandes possibilités en termes de services, de croissance, d'apprentissage, de profit ou d'humour dans son problème s'il y fait face adéquatement !

7. CULTIVEZ LE SENS DE L'HUMOUR. Je suis toujours étonné de voir à quel point les gens qui sont aux prises avec des problèmes très sérieux parviennent à rire de leurs problèmes. Bill Bruin, un vendeur prospère, était l'un des membres les plus heureux de mon église. Lorsqu'on lui apprit qu'il souffrait d'un cancer du larynx, il fut profondément affecté, bien sûr. Il subit une laryngectomie, puis il apprit à parler à l'aide d'un appareil électronique. Il tira profit de cette crise. Il transforma cette incapacité en atout. « Lorsque je parle à l'aide de cet appareil, les gens écoutent vraiment. Je parviens au moins à obtenir facilement leur attention », me dit-il un jour. Jusqu'à sa mort, qui survint presque quinze ans plus tard à la suite d'une crise cardiaque, il conserva un merveilleux sens de l'humour. « Mon plus grand souci est que mon fils puisse me

voler les piles qui font fonctionner cet appareil lorsqu'il s'attend à un sermon de ma part», dit-il un jour en riant. Il accumula un nombre incroyable de blagues concernant son problème. Il trouva le moyen d'imiter une sirène de police avec son appareil électronique. Cette blague lui procurait beaucoup de plaisir. «Parfois les gens semblent gênés lorsqu'ils me rencontrent pour la première fois, me dit Bill un jour, mais c'est leur problème. Je les aide avec leur problème en faisant quelques blagues.»

8. LAISSER VOTRE PROBLÈME VOUS CONDUIRE À DIEU.

Nul problème ne vous laisse là où il vous a trouvé.

Lisez ce qui suit à voix haute: «Je serai une autre personne lorsque ce problème sera chose du passé. Je serai plus sage, plus fort, plus patient; ou je serai aigri, cynique, amer, désillusionné et colérique. Tout dépend de ce que je ferai de ce problème. Tout problème peut me permettre de progresser ou de régresser au plan personnel. Il peut me rapprocher de Dieu, ou m'en éloigner. Il peut renforcer ma foi ou l'ébranler. Tout dépend de mon attitude. J'ai l'intention d'être meilleur lorsque ce problème sera réglé.»

Il y a beaucoup de familles, à la Garden Grove Community Church, qui ont été pour moi une grande source d'inspiration. Et la famille de monsieur et madame Vern Dragt n'est pas la moindre. Alors que je prêchais à partir du toit goudronné et collant d'un cinéma en plein air, essayant d'intéresser les gens à la fondation d'une nouvelle église dans le comté d'Orange, Vern Dragt plâtrait des maisons neuves à El Monte, à quarante kilomètres plus au nord. Un soir, il rentra chez lui, fatigué par une dure journée de travail. Il se plaignit d'un mal de tête mais n'y pensa pas trop. La douleur s'intensifia. Sa femme, La Von, dit à ses deux petites filles : « Ne faites pas de bruit. Papa a un gros mal de tête. Et vous risquez aussi de réveiller le bébé. Souvenez-vous qu'il n'a que six mois. » Mais intérieurement, son mari l'inquiétait. Après tout, c'était un athlète qui avait remporté des prix, un homme très fort, d'une forme physique exceptionnelle, qui n'avait jamais eu de maux de tête. « Je vais appeler un médecin », dit-elle. Plusieurs heures plus tard, elle reçut le choc de sa vie.

« La polio ? Oh non ! Pas mon mari ! Des hommes aussi forts que mon mari n'attrapent pas la polio, n'est-ce pas, docteur ? » La fois suivante où elle vit son mari, il était dans un poumon d'acier. Les jours passèrent. Il était entre la vie et la mort. Bien des gens priaient pour lui, mais je n'étais pas de ceux-là. J'étais à quarante kilomètres de là, tentant de convaincre quelques personnes de m'aider à mettre sur pied une nouvelle église dans le comté d'Orange, en Californie. Les semaines passèrent, et Vern était toujours dans le poumon d'acier. Les maigres économies de cette petite famille s'épuisaient alors que les dépenses augmentaient sans cesse. La jeune mère se tourva vers Dieu. Elle pria. Dieu la guida et la fortifia. « Eh bien, je crois que je vais me trouver un emploi, annonça-t-elle lorsqu'elle se trouva à court d'argent. Ça ne donnera rien de m'apitoyer sur mon sort. Vas-y, La Von, et rapporte un peu d'argent pour la nourriture », se dit-elle courageusement.

Les emplois qui rapportent suffisamment d'argent pour soutenir une famille ne sont pas faciles à trouver pour une jeune mère sans aucune formation spéciale, sans compétence professionnelle et sans diplôme universitaire. Ses demandes d'emploi restaient sans réponses parce qu'elle n'avait aucune expérience. Puis elle saisit une occasion de vendre un produit appelé Tupperware. « Il me suffira de parler, pensa-t-elle, et j'ai beaucoup d'expérience dans ce domaine ! » Alors avec le sourire, mais avec sérieux et enthousiasme, elle décida de tenter sa chance. Elle se disait : « Je crois que je peux ! » Elle parla Tupperware partout où elle alla. Elle eut bientôt organisé son entreprise et embauché d'autres femmes pour vendre à sa place. Elle paya ses dettes et Vern se remit suffisamment pour se passer du poumon d'acier. Il ne lui restait plus de muscles dans les bras. Il ne pourrait jamais plus reprendre son travail de plâtrier. Il ne pourrait jamais plus jouer au base-ball. Peut-être n'était-ce pas si mal, après tout. Peut-être était-ce une occasion d'améliorer sa vie. Alors que sa femme vendait des produits Tupperware, il reprit ses études et obtint son diplôme en gestion administrative. Aujourd'hui, La Von dirige avec enthousiasme une force de six cents représentants et représentantes alors que son mari gère l'entreprise de plusieurs millions de dollars.

Il y a quelques années, les Dragt ont décidé de venir habiter plus près de leur bureau, ce qui les a amenés à quelques kilomètres seulement du cinéma en plein air d'Orange.

« Écoute ça, Vernon, dit La Von, en lisant le journal local. Quelqu'un est sur le point de construire une église intérieure-extérieure ! N'est-ce pas fantastique ? Il paraît que ça va être une grande et merveilleuse église, une source d'inspiration. J'aimerais visiter cette église. »

Elle prit le téléphone et composa notre numéro. Son appel interrompit mes pensées. J'étais occupé à relever un défi qui m'avait été lancé quelques jours auparavant: «Où sur terre crois-tu pouvoir trouver les quatre cents dollars mensuels nécessaires pour payer ce terrain ?» Ma secrétaire était absente, alors je répondais moi-même au téléphone. Les Dragt devinrent membres de notre église, et leurs dons hebdomadaires équivalaient miraculeusement aux versements mensuels sur notre propriété.

Aujourd'hui, nous sommes en train de compléter la construction d'une tour de l'espoir de 75 mètres de hauteur, avec sa «petite chapelle dans le ciel» au quatorzième étage, dont les lumières brilleront vingt-quatre heures par jour, rappelant à des millions de gens qu'il y a «un œil qui regarde toujours, une oreille toujours à l'écoute et un cœur toujours chaleureux».

Je me souviens avoir mis les membres au défi de réunir un million de dollars pour la tour. Nous avons prié pour que quelqu'un nous donne 100 000 $ pour «la petite chapelle dans le ciel»! Certaines personnes riaient lorsque nous osions demander un don d'une telle importance. Près d'un millier de membres se sont réunis un soir à l'hôtel Disneyland pour tenter de réunir la somme nécessaire à la construction de la tour de l'espoir. Lorsque j'ai quitté l'hôtel à dix heures environ, il restait deux heures seulement au directeur de la campagne. Il était environ minuit lorsqu'un appel de ce dernier me réveilla: «Désolé de vous déranger, révérend, dit-il, mais vous avez votre chapelle dans le ciel. Je viens tout juste d'obtenir un don de cent mille dollars! La campagne est un succès d'un million de dollars!»

Quel ne fut pas l'étonnement des membres lorsque j'annonçai, trois semaines plus tard, que Vernon et La Von Dragt nous donnaient cent mille dollars pour la construction de cette chapelle de la foi qui allait surplomber le comté d'Orange. Cette chapelle est le don d'une famille qui a appris que la période la plus sombre d'une vie peut laisser présager une aube nouvelle et prometteuse. La « petite chapelle dans le ciel » n'aurait peut-être pas été construite si un homme, quelques années auparavant, n'avait pas passé des mois dans un poumon d'acier, atteint de la polio. « Les desseins de Dieu sont impénétrables. Il marche sur la mer et chevauche la tempête. »

Vous avez un problème ? Tournez-vous vers Dieu et Il vous montrera peut-être comment tirer profit de vos difficultés !

Il vous indiquera même comment obtenir l'argent nécessaire à votre progrès.

7

Ne vous laissez pas freiner par les problèmes d'argent

Il est effarant de constater qu'à cause de cette piètre excuse que constitue le manque d'argent, de nombreux projets meurent dans l'œuf ou ne sont jamais menés à terme.

Les solutions aux problèmes d'argent sont multiples. Au sein de notre église existe une règle qui stipule que l'on ne doit jamais parler du coût d'un projet éventuel intéressant avant d'avoir évalué le projet lui-même sous toutes ses coutures. On s'attend à ce que les membres du conseil posent d'abord des questions destinées à déceler l'opportunité du projet, telles: Cela répond-il à un besoin? Serait-ce une chose souhaitable pour Dieu ou la communauté? Et lorsque le projet proposé semble destiné à combler une lacune ou résoudre un problème, ou qu'il semble avoir pour effet de contribuer à une croissance ou d'entraîner des améliorations, nous l'acceptons. Ensuite seulement, nous nous posons la question: « Comment réunir les fonds nécessaires à sa réalisation? » Nous supposons que, d'une manière ou d'une autre, si l'idée passe le test avec succès et que nous voulons la concrétiser, nous serons capables de trouver une façon de financer notre rêve.

1. VOUS POUVEZ COMMENCER À PARTIR DE RIEN. Les rêves ne coûtent rien. Avez-vous un rêve? Êtes-vous aux prises avec des problèmes d'argent? Souvenez-vous de ceci: Tous les grands projets commencent par un rêve. Ils peuvent être entrepris sans un seul cent!

Les choses les plus valables de la vie sont gratuites.

Une idée jaillissant tôt le matin, un ami qui vous encourage, la liberté de vendre votre idée, un article dans le journal, tout cela est gratuit! Et il en est de même de la parole. Si vous avez une idée qui peut combler un besoin, glorifier Dieu, inspirer l'humanité, il importe que vous la partagiez avec ceux qui axent leur pensée sur la possibilité et que vous donniez au moins une chance au rêve de se concrétiser. En vérité, le produit ayant la plus grande valeur au monde est l'idée. Les bonnes idées attirent des appuis de sources inattendues.

2. VOUS POUVEZ FAIRE BEAUCOUP AVEC TRÈS PEU. Dans de nombreuses régions de notre pays, il est possible de mettre sur pied une corporation sans qu'il en coûte beaucoup. Tout ce dont vous avez besoin est de cinquante dollars et de trois personnes. L'impression de papier à en-têtes et de cartes d'affaires n'est pas très coûteuse. Alors vous pouvez mettre sur pied presque n'importe quoi avec très peu d'argent. Une petite somme d'argent peut vous mener loin dans la concrétisation d'un projet. S'il existe une corporation ou une organisation qui se

consacre à la réalisation d'un rêve pratique et merveilleux, vous pouvez être certain que l'instinct humain préservera cette idée positive et fera à coup sûr avancer le projet.

Est-il possible d'acquérir une propriété d'un million de dollars à partir d'un investissement initial de cinquante dollars seulement ? Je crois que oui. Pour cela, il faut former une corporation, une compagnie ou une association capable de réunir les fonds nécessaires, mais cela est certainement possible si la proposition est saine, sensée, emballante et réalisable.

Les gens sont très surpris lorsqu'ils parcourent notre propriété d'un million et demi de dollars et qu'ils apprennent que tout cela a été accompli à partir d'un investissement initial de cinq cents dollars seulement. Mais c'est la vérité. La tragédie est que ceux qui axent leur pensée sur l'impossibilité se servent de leur imagination pour voir comment nous avons réussi plutôt que de voir comment ils pourraient réussir.

Vous pouvez faire beaucoup à partir d'une petite idée; pour ce faire, il suffit de vous y consacrer entièrement.

Lorsque les leaders dévoués investissent le meilleur de leur temps, de leurs énergies et de leur argent dans un projet, ils inspirent d'autres investisseurs à faire comme eux. Les investisseurs sont attirés par les leaders imaginatifs, courageux et honnêtes. Un jeune homme avec de grands rêves et peu d'argent qui met tout ce qu'il possède dans son idée obtiendra l'appui des gens qui peuvent le mener vers le succès. Les promoteurs peu courageux, trop prudents et pas assez dévoués, qui ne sont pas eux-mêmes convaincus de leur succès, obtiendront peu d'appuis : « Il faut se méfier de la glace qui se forme sur une mer chaude. »

Un jeune ingénieur, qui travaillait pour le compte d'une compagnie d'aviation en Californie du Sud, entretenait les plus grands rêves. Il se voyait faisant de l'argent dans le domaine de la construction. Une occasion se présenta pour lui d'acheter un terrain de choix requérant une mise de fonds initiale de deux mille dollars. Il emprunta l'argent de parents, négocia un prêt qui lui permettrait de construire puis construisit un motel qu'il vendit deux ans plus tard avec un profit substantiel. Ceci fait, il décida ensuite d'investir ce profit dans une propriété très coûteuse située en face de Disneyland. Il pensait à un motel immense et luxieux. À court de fonds, il construisit pratiquement l'édifice de ses propres mains. Souvent je passais près du site de construction, tard le soir, pour trouver Dick en vêtements de travail, effectuant des travaux difficiles et salissants. Il peignait, nettoyait, transportait de la terre, plantait des arbres et repassait derrière les plâtriers. Pendant près de deux ans, il consacra toutes ses énergies à son projet. Aujourd'hui, son motel d'un million de dollars, le Jolly Roger comme on le nomme, a beaucoup de succès et est sur le point de s'agrandir encore. Dick quant à lui doit son succès à son honnêteté, son courage, sa détermination. L'argent lui arriva lorsqu'il eut mis tout son avoir dans l'aventure. C'est étonnant de voir à quel point un penseur axé sur la possibilité peut faire beaucoup avec très peu!

3. VOUS POUVEZ GAGNER PLUS D'ARGENT QUE VOUS NE LE CROYEZ. L'argent ne doit pas vous freiner, car il y a bien

plus d'argent en circulation dans le monde que vous ne le réalisez. Le fait que vous n'en ayez pas ne veut pas dire que vous ne pouvez pas en avoir. J'ai conseillé un jour à un jeune chômeur de devenir représentant. Cela lui faisait vraiment peur. « Vous voulez dire demander de l'argent aux gens ? » s'enquit-il.

« Bien sûr que non, répondis-je, choqué. Leur donner la chance de dépenser leur argent. Les représentants, continuai-je, rendent les gens heureux pour les deux raisons que voici : Les gens adorent dépenser de l'argent ; rendez les gens heureux et vous réussirez. Les représentants sont aussi porteurs de bonnes nouvelles, car ils font découvrir aux gens un merveilleux produit, un service ou une occasion dont ils n'avaient parfois jamais entendu parler. Bien des clients écoutent, aiment ce qu'ils voient et ce qu'ils entendent, achètent avec enthousiasme, et vous remercient d'avoir pris leur argent en échange d'un produit qu'ils apprécient grandement. Vous rendez les gens heureux lorsque vous les aidez à dépenser leur argent. »

Je conclus mon bref sermon en disant : « Alors allez-y et gagnez de cet argent. Vous en avez besoin. » Il semblait choqué par ce genre de conseil de la part d'un ministre, alors j'ajoutai : « Ce n'est pas un péché que d'aimer l'argent si vous désirez améliorer la société. Le profit est un bon motif si vous considérez l'argent comme un moyen d'améliorer votre société, votre famille, votre église, ou même votre corps et votre esprit. L'amour de l'argent ne constitue la racine du mal que si l'argent devient une fin en soi plutôt qu'un moyen de rendre davantage service aux autres. Alors allez-y et procurez-vous l'argent dont vous avez besoin, John. Souvenez-vous de ceci à propos de l'argent : Il y a des centaines de milliers de dollars qui sont récoltés chaque jour dans les champs de la libre entreprise. Il existe des millions de gens qui veulent dépenser cet argent. Il y a d'autres millions de gens qui désirent investir et prêter cet argent. Celui qui gagne de l'argent est celui qui croit qu'il le peut. »

4. VOUS POUVEZ ÉRIGER VOTRE FORTUNE À PARTIR D'ARGENT EMPRUNTÉ. Souvenez-vous qu'il y a des millions de dollars destinés à être prêtés à des entreprises valables et à de futurs hommes d'affaires responsables. Considérez l'énorme richesse qui existe dans ce seul pays. L'ensemble des biens immobiliers des États-Unis est évalué à plus d'un trillion de dollars.

L'une des plus grandes histoires de succès des États-Unis est celle de W. Clement Stone. Dans son merveilleux livre intitulé *Success Through a Positive Mental Attitude*, il raconte comment il est devenu millionnaire en se servant de l'A.D.D., c'est-à-dire l'Argent Des Autres.

Les Américains possèdent des centaines de milliards de dollars d'épargnes. Ces épargnes augmentent chaque semaine de plusieurs millions de dollars. L'argent se multiplie à un taux très rapide dans une économie libre et saine. Combien de gens paient régulièrement des primes sur des polices d'assurance ? Les compagnies d'assurance sur la vie doivent investir cet argent. Tout l'argent qui entre dans les banques et dans les institutions d'épargne et de prêts doit être investi. Si vous ne pouvez emprunter dans une institution financière, vous pouvez souvent emprunter de simples individus. C'est la seule manière dont notre église a pu financer sa croissance. D'une manière ou d'une autre, vous pouvez toujours emprunter de l'argent pour démarrer. Souvenez-vous aussi qu'une dette n'est pas nécessairement une honte. Souvent,

> *Une dette justifiable est une preuve de fiabilité.*

Une dette est la preuve matérielle du courage et de l'assurance d'un homme. Peu d'entreprises prospères sont en mesure de croître sans emprunter de l'argent. *Bien sûr, il y a des façons adéquates de s'y prendre lorsqu'il s'agit d'emprunter.*

Considérez les avantages qu'il y a à avoir des dettes. Les dettes peuvent vous rendre de réels services. Lorsque vous empruntez de l'argent, plusieurs personnes en profitent.

— Vous en profitez, car vous avez la chance de démarrer.

— Le prêteur en profite. Il touche des intérêts.

— Les clients de votre entreprise en profitent.

— Vous pouvez peut-être même économiser en empruntant. Dans plusieurs investissements, les versements sur le capital équivalent à de l'argent placé dans un compte d'épargne. Les seules épargnes de millions d'Américains sont les versements qu'ils effectuent sur leurs hypothèques.

— Les remboursements de prêts sont des éléments déductibles d'impôts, autre avantage que comporte un emprunt.

Examinez simplement tous les avantages possibles que retire la personne responsable et honnête qui effectue un emprunt. Souvent, vous ne pouvez réussir si vous n'avez pas suffisamment la foi pour oser emprunter de l'argent.

5. VOUS DEVEZ COMPRENDRE CE QU'EST UNE VÉRITABLE DETTE. Qu'est-ce qu'une dette en réalité? Je venais de sortir du séminaire, j'étais nouvellement marié et je venais tout juste de commencer à travailler à titre de pasteur à ma première église; je gagnais un peu plus de deux cents dollars par mois. L'hiver approchait, et j'avais besoin de charbon. Je me rendis chez le charbonnier et lui demandai combien de charbon j'allais devoir acheter. « Environ cinq tonnes », me répondit-il.

« Combien cela coûtera-t-il, et puis-je acheter à crédit? » demandai-je.

« Cela vous coûtera soixante-quinze dollars et vous devrez payer comptant, révérend. Vous devrez emprunter l'argent quelque part car nous ne vendons pas de charbon à crédit. » Et ce fut tout.

Alors je me rendis à la banque pour demander un prêt de soixante-quinze dollars afin d'acheter du charbon. Le banquier me donna une bonne leçon d'économie. « Je vais vous prêter l'argent pour cette fois, mais cette fois seulement, révérend. Lorsque vous empruntez pour acheter du charbon, vous vous endettez. Vous brûlerez le charbon. Ensuite, si vous êtes incapable de rembourser votre prêt, vous n'aurez rien à vendre pour nous payer. Lorsque vous emprunter pour payer le charbon, la nourriture, l'électricité ou l'eau, vous dépensez de l'argent dont vous ne verrez plus jamais la couleur. Il s'agit d'une dette réelle. »

En voyant que j'avais quelque chose à apprendre, il poursuivit son explication. «Si vous voulez emprunter pour acheter une voiture ou une maison, nous vous prêterons de l'argent. Car alors vous ne vous endetterez pas: Vous allez investir. Si vous ne pouvez effectuer vos versements, vous pourrez vendre la voiture, nous rembourser et conserver le reste de l'argent, c'est-à-dire ce qu'a rapporté votre investissement. Si vous empruntez pour acheter un magasin et de la marchandise, vous ne vous endettez pas. Vous vous lancez en affaires. Si vous ne pouvez effectuer vos versements, nous pouvons vendre le magasin et la marchandise, et s'il reste de l'argent une fois le prêt remboursé, votre investissement vous a alors rapporté un profit. S'il ne vous reste pas d'argent une fois le prêt remboursé, vous n'avez fait aucun profit. C'est aussi simple que cela.»

C'était là un conseil qui allait me donner beaucoup de courage quelques années plus tard, au moment de mettre sur pied notre nouvelle église. Lorsque survint notre grand rêve d'une église intérieure-extérieure, nous savions que cela allait coûter beaucoup d'argent. Combien de temps nous faudrait-il pour réunir l'argent à partir des surplus des offrandes des fidèles? Peut-être vingt ans. Alors nous avons décidé de l'emprunter. Une fois complété, le projet tout entier atteignait une valeur d'un million de dollars. Là-dessus, nous devions 600 000 $. À cette époque, quelqu'un me dit: «Il paraît que vous devez 600 000 $.» Je le corrigeai. «En réalité, nous ne devons rien. Nous pourrions obtenir un million de dollars pour notre propriété, rembourser nos hypothèques et avoir encore 400 000 $ comptants à la banque. Nous n'avons pas de dette; nous sommes des investisseurs désireux de rendre un grand service à Dieu et à notre prochain! »

6. VOUS OBTIENDREZ PLUS D'ARGENT SI VOUS COMBLEZ UN BESOIN VITAL. IL EST TOUJOURS PAYANT DE SERVIR, tout le monde le sait, et ceux qui axent leur pensée sur la possibilité se souviennent de cela lorsqu'ils font face à des problèmes financiers. Au cours de notre développement, nous nous disions qu'en empruntant les fonds nécessaires, nous pourrions immédiatement servir davantage, étendre notre influence et toucher un nombre plus considérable de gens. Les meilleurs services rendus possibles grâce à nos nouvelles facilités allaient entraîner une croissance plus rapide qui allait plus que combler les dépenses en intérêt sur nos emprunts, nous disions-nous.

Nos réflexions s'avérèrent justifiées. Un an après l'ouverture de nos merveilleuses facilités, nous avons vu nos revenus s'accroître d'un montant un peu plus élevé que les intérêts que nous devions payer pour l'ensemble de notre dette. Ainsi, l'intérêt de l'argent emprunté s'est remboursé de lui-même en une seule année. En d'autres mots, il ne nous en a rien coûté pour emprunter. Les emprunts ont résulté en un service public accru, ce qui a entraîné des revenus supplémentaires. Nous ne nous sommes jamais souciés de notre supposée dette. La dépense est considérée comme nécessaire, exactement comme s'il s'agissait d'une personne salariée. C'est lorsque les gens sont atteints « d'obsession par les dettes » qu'ils sont en danger. Ils risquent d'être plus préoccupés par le remboursement de la dette que par l'expansion de leur entreprise. *Améliorez et étendez vos services au public et les gens viendront à vous, les revenus augmente-*

ront automatiquement et l'ensemble de la dette se remboursera de lui-même.

Le centre-ville de Santa Ana, en Californie, ressemble au centre-ville de bien des villes américaines. De magnifiques centres commerciaux ont été construits dans les banlieues et les marchands du centre-ville en ont souffert. De grands magasins, autrefois réputés, se sont transformés en magasins de produits à prix modiques, luttant pour leur survie. Plus d'un marchand a dû fermer ses portes. Mais il y a au moins un magasin, dans le vieux centre-ville, qui est plus prospère que jamais. Il s'agit d'une quincaillerie gérée par mon ami Clark Dye. Il a fondé l'entreprise il y a vingt ans. Il a acheté le terrain, l'a déboisé et a construit sa petite quincaillerie. Et il n'est jamais tombé dans le piège qui consistait à supposer que, parce que la région se peuplait rapidement, son entreprise allait croître automatiquement (une erreur qui a été fatale à des centaines d'entreprises). Il a envisagé la croissance de la ville qui risquait de le ruiner ou de lui permettre d'améliorer sa condition. Il a eu l'intelligence de prévoir qu'il lui faudrait se préparer à faire face à la concurrence qui n'allait pas tarder à se manifester. Très tôt, il a investi beaucoup dans l'acquisition d'outils, jusqu'à ce qu'il possède le plus vaste choix d'outils dans ce comté d'un million d'habitants. Son magasin a en stock le plus complet assortiment de boutons de portes, à des prix variant entre quelques dollars à, croyez-le ou non, quelques centaines de dollars ! Personne, dans le domaine de la quincaillerie, ne possède un inventaire comparable au sien. En acheteur avisé, un vendeur de première force conscient de la qualité, c'est lui qui attire le plus de clients. Il ne fait face à aucun problème de stationnement, les autres magasins étant tellement peu achalandés que les rues sont désertes et disponibles à ses clients. Les constructeurs et les promoteurs du sud se rendent visiter son vieux magasin du centre-ville. Offrez un service inégalé et vous réussirez. Répétons-le: Ce n'est pas une honte que d'emprunter pour offrir un service nécessaire. C'est une honte que de ne pas donner à une bonne idée la chance de se concrétiser.

7. VOUS POUVEZ OBTENIR DE L'ARGENT SI VOUS OSEZ EN DEMANDER. « Aide-toi et le ciel t'aidera. » L'une des phrases les plus précieuses de la Bible est contenue dans ce verset: « Vous ne possédez point parce que vous ne demandez point. » Des millions, oui, des millions de gens et de projets échouent parce que les gens n'osent pas demander de l'aide. Jésus-Christ à dit: « Demandez et vous recevrez, cherchez et vous trouverez, frappez et l'on vous ouvrira. »

Récemment, j'ai reçu la visite d'un jeune médecin et d'un jeune avocat qui appartiennent tous deux à une petite église qui n'arrive pas à croître bien qu'elle soit située dans un secteur densément peuplé.

« Tout ce que nous voulons savoir, révérend, c'est la raison pour laquelle nous n'arrivons pas à croître », me dirent-ils.

« Désirez-vous que je sois honnête, ou gentil? » demandai-je.

« Honnête », répondirent-ils.

« Eh bien, messieurs, je sais que votre église a été mise sur pied par un petit groupe de personnes qui ont quitté une première église parce qu'ils n'aimaient pas certaines choses qui s'y passaient. Exact? » Mes visiteurs acquiescèrent. Je continuai. « Alors votre église a vu le jour parce que ses fidèles étaient contre quelque chose. Elle n'attire par conséquent que ceux qui s'opposent aux mêmes choses que vous. Vous y entendez des sermons négatifs, générateurs de peur et de doute, et vous quittez l'église, l'esprit et le corps fatigués, sans enthousiasme pour aller recruter de nouveaux membres. Et peu de gens sont attirés par un programme négatif.

« La solution, suggérai-je, consiste à être positif. Ayez une cause constructive, créatrice, une source d'inspiration, et les gens seront attirés. »

« Mais révérend, cela signifie que nous allons devoir demander de l'argent, et c'est cela qui éloigne les gens des églises », dirent-ils.

« Rien n'est plus faux, insistai-je, ajoutant : Au cours de nos dix ans d'histoires, nous avons organisé quatre campagnes de financement, et à l'occasion de chacune de ces campagnes, le nombre de fidèles s'est accru et nous avons gagné plusieurs nouveaux membres. Pourquoi ? Parce que nous ne demandions pas d'argent : Nous vendions une nouvelle et merveilleuse idée ! Nous offrions aux gens une occasion fantastique de participer à la construction de quelque chose de merveilleux. Toute personne désire être créatrice, importante et utile. Le besoin d'être nécessaire est l'un des plus profonds besoins du cœur humain. Et chacun désire dépenser son argent. Offrez aux gens un programme dynamique, et ils y souscriront avec empressement. »

8. VOUS POUVEZ MAÎTRISER LE FORMIDABLE POUVOIR QUE CONSTITUE LE TEMPS. Laissez le temps régler vos problèmes financiers. Maîtrisez le calendrier et laissez-le récolter

l'argent qui est tiré chaque année des champs fertiles de la libre entreprise.

J'ai vu dans le journal la photo d'un homme du nom de Benjamin J. High, poussant une brouette remplie de pièces de vingt-cinq cents. Il y a quelques années, il a décidé de cesser de fumer et de déposer dans un coffre-fort une pièce de vingt-cinq cents pour chaque paquet de cigarettes qu'il n'achetait pas. Maintenant, il a ouvert le coffre-fort dans le mur et ses économies remplissent une brouette. Avec un total de 10 130 pièces de vingt-cinq cents, il entreprend un voyage autour du monde. Réfléchissez au fantastique pouvoir de l'argent sagement économisé et soigneusement investi.

Il est très possible que l'argent ne soit pas votre problème, après tout. Peut-être votre problème est-il un manque de patience. Alors apprenez à maîtriser le temps et laissez-le gagner de l'argent pour vous.

9. ASSOCIEZ-VOUS AVEC DIEU. C'est la clé qui peut vous ouvrir la porte du succès. Cela ne signifie pas qu'en vous associant avec Dieu, vous serez riche automatiquement. Mais il est vrai que si vous vous engagez à faire de Dieu votre associé, vous bénéficierez de sa perspicacité, de son inspiration, de ses grandes idées, et que vous aurez le courage d'aller de l'avant au moment propice.

Je m'adressais à un groupe d'hommes d'affaires, les entretenant sur notre croissance et nos grands projets pour l'avenir, lorsqu'on me demanda: «Comment faites-vous pour penser si grand et avoir de si grands objectifs ? » Je répondis : « Quels objectifs auriez-vous en tête, et quels projets caresseriez-vous si votre président du conseil était multi-millionnaire, comme le nôtre ? »

Depuis le jour où j'ai confié mon église à Jésus-Christ et que je lui ai demandé de gérer l'entreprise, la chaise centrale de nos réunions du conseil a été vide. La chaise centrale où, en tant que président du conseil et de la corporation, je m'assoyais, est maintenant vide. Les membres du conseil savent que le Christ l'occupe. Nous croyons qu'il s'agit de son entreprise et nous comptons qu'Il nous prodiguera de l'inspiration, de grandes idées et du courage. Qui est propriétaire du bétail de mille collines, de mines qui n'ont jamais été découvertes, et qui attend de faire de simples garçons de ferme des millionnaires ? Associez-vous au Christ et donnez-Lui la chance d'accomplir le miracle qu'Il a promis : « Je suis venu pour vous donner la vie, une vie plus abondante. »

10. VOUS POUVEZ TOUT RECOMMENCER. SI VOUS AVEZ ESSUYÉ UN ÉCHEC FINANCIER, SOUVENEZ-VOUS DE CECI :

La crainte est plus honteuse que l'échec.

J'ai plus d'admiration pour un homme qui essaie et qui échoue que pour un homme qui n'échoue jamais parce qu'il n'a jamais osé essayer. Il est plus honteux de ne pas oser essayer que d'essayer et d'échouer. « Et si je me ruine ? » m'a dit un futur homme d'affaires quelque peu craintif.

« Bien sûr, ai-je répondu, cela serait malheureux. Mais si, à cause de raisons indépendantes de votre volonté, un tel malheur devait se produire, il n'est pas nécessaire que ce soit un échec final. Bien des gens se sont ruinés sans se décourager. Lisez l'histoire de la plupart des millionnaires et vous découvrirez que plusieurs d'entre eux ont fait banqueroute au moins une fois.»

Ne vous laissez pas freiner dans vos projets par la vieille phrase qui dit: «Nous n'avons pas assez d'argent.» Il y a toujours un moyen. Pour construire notre tour de l'espoir, nous avons embauché un expert du nom de Bob Meyer. En deux ans, il nous a aidés à obtenir des dons totalisant 937 000 $. Alors, SI VOUS AVEZ BESOIN D'UN EXPERT, EMBAUCHEZ-EN UN. N'ESSAYEZ PAS D'ÊTRE CET EXPERT.

8

Dix conseils sur la gestion du temps

Si vous désirez réussir en tant que penseur axé sur la possibilité,

— Ne laissez JAMAIS passer une occasion valable en donnant la coûteuse et impulsive excuse que voici : « Je suis trop occupé. »

— Ne prenez JAMAIS une décision destructrice en déclarant de manière irresponsable : « Je n'ai plus le temps d'y penser. »

Celui qui axe sa pensée sur la possibilité est convaincu que, d'une manière ou d'une autre, le problème du temps peut être résolu

Il est impossible de calculer le nombre de dépressions, de découragements et de difficultés qui résultent directement ou indirectement d'une gestion du temps déficiente.

Combien

— De problèmes de santé sont le résultat direct du refus de subir régulièrement un examen médical ?

— De problèmes de tension, d'anxiété et de dépressions sont imputables dans notre société, à l'incapacité d'une personne à gérer son temps de façon à contrôler les choses qui l'entourent ?
— De dépenses d'argent sont infligées à l'industrie par les pertes de temps, les retards, et les départs précipités des travailleurs qui n'ont pas accompli leur travail en temps voulu ?
— De problèmes maritaux ou de mariages brisés sont imputables au fait que le mari et la femme ne prenaient pas le temps de communiquer vraiment ?
— D'étudiants échouent chaque année parce qu'ils attendent trop longtemps avant de se mettre au travail ?
— D'associations ont été durement affectées parce que les cadres n'ont pas pris le temps de maintenir les communications entre les gens ?
— De pénalités sont payées chaque année à cause de retards sur les taxes ou les frais de licenses ?
— De disputes sont le résultat de tensions qui se sont produites lorsqu'une personne s'est trouvée aux prises avec des retards ?
— De conducteurs meurent parce qu'ils étaient trop occupés pour prendre le temps d'attacher leur ceinture ?
— De vies seraient sauvées sur la route si seulement nous gérions un peu mieux notre temps ? Une étude récente du Stanford Research Institute a démontré qu'un peu plus de temps consacré à la conduite sauverait les vies suivantes sur une période de trois ans :
Cinq minutes de plus par jour sauveraient 15 000 vies.

Dix minutes de plus par jour sauveraient 24 000 vies.
Quinze minutes de plus par jour sauveraient 30 000 vies.
Vingt minutes de plus par jour sauveraient 35 000 vies.

Nous devons apprendre l'art de la gestion du temps si nous désirons avoir une vie heureuse et prospère. Bien des gens réalisent peu de choses parce qu'ils n'ont jamais appris à évaluer ou à gérer efficacement leur temps. De nombreux autres accomplissent de grandes choses parce qu'ils ont cultivé, par expérience ou par instinct, la capacité de bien gérer leur temps.

« Comment font-ils ? Où trouvent-ils le temps ? » nous demandons-nous en voyant ces penseurs axés sur la possibilité toujours à l'œuvre, accumulant les réalisations. « J'aimerais bien savoir comment ils gèrent leur temps. Ils semblent accomplir tant de choses ! »

Permettez-moi de vous révéler quelques simples méthodes de gestion du temps. Voici dix éléments importants pour l'organisation du temps qui peuvent faire la différence entre la réussite et l'échec.

1. CONSIDÉREZ LE TEMPS COMME S'IL ÉTAIT DE L'OR, COMME S'IL ÉTAIT LA VIE MÊME. Nous avons tendance à gaspiller ce que nous estimons trop peu. Bien qu'on l'ait dit souvent, toute personne qui réussit sait que le temps c'est vraiment de l'argent. Il peut être investi ou dépensé inconsidérément. Bien investi, il peut être utilisé pour créer des idées, organiser des projets, inventer de nouveaux produits, étudier des problèmes, acquérir des connaissances, de

l'information ou de l'expérience, tout cela menant à de plus hauts degrés de réalisation.

Peut-être le temps nous serait-il précieux si nous devions payer une taxe sur le temps gaspillé. Peut-être utiliserions-nous mieux notre temps si nous devions payer le privilège de vivre. Mais le temps semble nous être fourni gratuitement, absolument gratuitement!

Un ami qui avait passé plusieurs années dans une région très pauvre de l'Afrique fut horrifié par le gaspillage qu'il constata en Amérique. Il était choqué de nous voir jeter des boîtes de conserves, des pots de verre, des boîtes, du papier d'emballage et des rubans. C'est tout naturel en Amérique de gaspiller, et le temps précieux est follement perdu.

Nous avons aussi tendance à sous-évaluer et, conséquemment, à gaspiller une commodité lorsqu'elle nous semble très abondante. Trop de gens semblent croire qu'ils vivront toujours ou presque. Il y aura « beaucoup de temps » pour réaliser quelque chose de valable avant de quitter cette terre. Ainsi les années passent et, avec elles, les grandes occasions.

Tout jeune déjà, ma mère m'a inculqué cette vérité: « Le temps perdu ne se retrouve jamais. » Ne remets jamais à demain ce que tu peux faire aujourd'hui, cet autre vieil adage, en est la suite logique. Pendant mes études universitaires, j'ai été fortement impressionné par ces lignes écrites par un auteur à l'article de la mort: « Mon livre. Mon livre. Je ne finirai jamais mon livre. » Alors j'ai entrepris l'œuvre de ma vie avec l'idée que je ne vivrais peut-être pas assez longtemps pour accomplir tout ce que je désire. Si je devais faire quelque chose de valable de ma vie, j'allais devoir me presser. Depuis ce jour, j'ai toujours été pressé. La première épreuve de ce livre devait être complétée avant mon départ pour un voyage de deux mois autour du monde. Car, croyais-je, je devais livrer ce message avant de mourir. L'avion allait peut-être s'écraser. Déprimant ? Pas du tout ! Au contraire, cela a été la force qui m'a motivé le plus puissamment à tout accomplir rapidement dans ma vie. Les gens les plus prospères que je connaisse sont des hommes qui n'ont pas perdu de temps et qui ont commencé tôt. Commencez tôt. Aujourd'hui.

Travaillez chaque jour comme si c'était le dernier. Cela accélérera rapidement le rythme de vos réalisations, et augmentera aussi miraculeusement votre quantité d'énergie. Un fort sentiment de l'urgence constitue une grande force génératrice d'énergie. Avez-vous déjà remarqué à quel point les gens qui travaillent lentement semblent manquer d'énergie, alors que ceux qui ont le respect du temps et qui avancent rapidement semblent déborder d'énergie physique ? Le penseur axé sur la possibilité qui travaille rapidement, poursuit sans cesse des projets, réfléchissant avec rapidité, stimule les sources productrices d'énergie situées dans le cerveau. Mal utilisées, désorganisées ou mal gérées, ces sources génèrent la fatigue et l'épuisement, d'abord dans le cerveau, et ensuite dans le corps.

Alors considérez le temps comme s'il était de l'or, comme s'il était la vie même.

2. PRENEZ L'HABITUDE DE COMPTABILISER VOTRE TEMPS. Une entreprise accorde de la valeur à son argent et comptabilise ses dépenses. Rien n'est plus important, rien n'a

plus de valeur pour vous que votre temps. Mais comptabilisez-vous le temps que vous dépensez?

Lorsque les gens disent: « Je n'ai pas le temps », ce qu'ils veulent réellement dire est: « Je ne crois pas avoir le temps. » S'ils tenaient une comptabilité soignée, ils découvriraient peut-être qu'ils pourraient trouver le temps nécessaire.

Je me souviens avoir découvert une véritable aubaine un jour, à Istanboul. Je croyais que je n'avais pas suffisamment d'argent, simplement parce que je n'avais pas fait de comptabilisation récente de mes chèques de voyage. Alors je laissai passer l'aubaine. Trop tard, j'ai découvert qu'en fait, j'aurais eu assez d'argent. Comptabilisez votre temps avant de prendre à la légère une décision hâtive et négative impliquant la notion de temps.

Analysez vos dépenses de temps. Munissez-vous d'un calepin et tenez une comptabilité détaillée de votre temps durant un mois. Combien de temps passez-vous à vous habiller? À manger? À boire? À prier? À lire? À vous laver? À nettoyer? À réparer? À magasiner? À visiter les gens? Effectuez une étude détaillée. Vous serez étonné de vos découvertes. Vous commencerez à comprendre le problème que constitue le temps dans la vie moderne. Vous découvrirez que vous consacrez beaucoup trop de temps à peindre, à boucher les trous, à émonder, à presser, à emballer, à déballer et à réparer.

Une fois votre étude terminée, vous serez peut-être obligé de prendre des décisions radicales concernant votre vie. Vous serez certainement mieux préparé à budgéter votre temps sagement et fructueusement.

On a observé que le temps est un problème plus sérieux de nos jours qu'il y a un siècle. N'est-ce pas étrange ? Avec tous nos moyens de communication ultra-rapides et tous nos appareils nous permettant de sauver du temps ? Après avoir comptabilisé votre temps, vous découvrirez les raisons de ce phénomène. Mon père et ma mère ont connu l'époque de transition entre le cheval et l'automobile. Vivant à la campagne et utilisant le cheval et la voiture, ils n'allaient à la ville qu'une fois par semaine. Ils faisaient tous leurs achats à ce moment. L'aller-retour leur prenait une heure. Ils consacraient soixante minutes par semaine pour se rendre au magasin. Combien de temps consacrez-vous chaque semaine à vos visites des magasins en automobile ?

3. BUDGÉTEZ VOTRE TEMPS. Vous savez maintenant où passe votre temps. Vous savez aussi exactement combien d'heures il y a dans une journée. Commencez à budgéter votre temps. Établissez d'abord un plan. Planifiez votre journée en détail. Il nous est arrivé à tous d'être déçus parce que nous avions planifié notre journée et que nous étions sans cesse dérangés. Nous étions alors tentés d'abandonner et d'entreprendre chaque journée, dépourvus de plans. Rien ne peut être plus désastreux pour votre temps. D'importantes pertes sont inévitables. Vous finirez par passer trop de temps au téléphone et vous ne pourrez vous empêcher de consacrer votre temps à des choses non constructives.

Dressez la liste de ce que vous *aimeriez* faire aujourd'hui, de ce que vous *pouvez* faire aujourd'hui et de ce que vous *devez* faire aujourd'hui. Maintenant, faites-vous une liste de priorités. Inscrivez les éléments par ordre d'importance. Consacrez vos premières minutes à ces occasions qui risquent de ne jamais se représenter. Cela s'avérera souvent plus important que ce que vous croyez devoir faire. Vous serez surpris de découvrir que bien des choses que vous croyez devoir faire peuvent attendre en réalité.

Soyez prêt à défendre votre plan de la journée. Gardez-vous de la tentation de commencer votre liste de priorités avec ce que vous aimeriez faire. Une discipline personnelle à toute épreuve est nécessaire lorsque vous planifiez votre journée. Préparez-vous à dire non à tous ceux qui désireraient vous faire gaspiller votre temps. Peut-être devrez-vous décrocher votre téléphone ou ignorer les coups de sonnette des visiteurs. Apprenez à dire non avec gentillesse, franchise et fermeté.

4. BALANCEZ LE BUDGET DE VOTRE TEMPS en vous appuyant sur votre jugement. Bien des gens sont devenus millionnaires en travaillant seize heures par jour, sept jours par semaines, pour perdre leur conjoint et voir leurs enfants quitter le foyer avant de réaliser ce qu'il leur arrivait. Ne commettez pas l'erreur de consacrer tellement de temps à la poursuite de vos ambitions que vous joindrez les rangs de ceux qui sont riches, mais seuls, prospères, mais morts. La santé du corps, de l'esprit, de l'âme et de la famille exige une sage répartition du temps.

Souvenez-vous que Dieu a créé l'être humain en lui indiquant spécifiquement de se reposer un jour sur sept et de se récréer. Le récréation du corps provient de la récréation de l'esprit. Ce n'est pas une coïncidence si un grand nombre de ceux qui réussissent bien sont également des leaders dans leurs églises ou leurs synagogues.

Un Irlandais anonyme a écrit:

Prenez le temps de travailler, c'est le prix de la réussite.
Prenez le temps de réfléchir, c'est la source du pouvoir.
Prenez le temps de jouer, c'est le secret de la jeunesse.
Prenez le temps de lire, c'est la base de la sagesse.
Prenez le temps d'être aimable, c'est la voie vers le bonheur.
Prenez le temps de rêver, c'est le moyen d'accéder aux étoiles.
Prenez le temps d'aimer, c'est la plus grande joie de la vie.
Prenez le temps de rire, c'est la musique de l'âme.

Voyez comment un homme d'affaires des plus prospères trouve le temps de puiser de la sagesse du plus grand livre jamais publié. Richard Woike, de Los Angeles, a écrit dans *Guideposts*:

Un dimanche matin, j'ai fait quelque chose qui est répandu chez les hommes d'affaires. J'étais assis à l'église, les yeux fixés sur le ministre qui était en chaire, mais je pensais à la semaine qui s'annonçait, examinant les divers problèmes qui m'attendaient. Soudain, j'ai eu l'impression que le prêtre s'adressait directement à moi.

« Et vous? demanda-t-il, son regard croisant le mien. Combien de temps consacrez-vous à la Bible?

« Je remarque, poursuivit-il, que l'homme d'affaires moyen a le temps de lire son journal du matin et son journal du soir, ses journaux financiers, ses magazines et ses livres favoris, mais qu'il n'a pas le temps de lire le livre que tous prétendent admirer, mais que peu de gens ont lu. »

Cet après-midi-là, j'avais toujours l'impression que le prêtre m'avait exclusivement adressé son sermon. C'était le jour de mon anniversaire de naissance, le jour où je prends habituellement des résolutions, où je fais des projets à long terme pour l'année qui vient. Ce jour-là cependant, j'avais la constante sensation que, d'une certaine manière, mes projets étaient incomplets, qu'il manquait quelque chose à ma vie.

Impulsivement, je me rendis dans mon salon, je pris la Bible sur un rayon et je la regardai comme si je ne l'avais jamais vue auparavant, conscient qu'au cours des dernières années elle avait rarement été plus qu'un livre de références à mes yeux. Je réalisais maintenant que je ne l'avais jamais vraiment lue.

Je fus tenté de lire la Bible tout entière sur-le-champ. Mais son ampleur m'en interdisait la lecture sans un plan préalable. De plus, le simple fait de lire la Bible entière juste pour dire que je l'avais fait ne me suffisait pas; je connaissais la nature du livre, son importance, et je réalisais que, pour que la lecture soit profitable, je devrais en tirer quelque chose.

Le ministre avait dit qu'il lisait trois chapitre de la Bible chaque jour de la semaine, et cinq le dimanche. Cet après-midi-là j'ai examiné divers chapitres au hasard, et j'ai découvert qu'ils étaient tous de longueur inégale; mon horaire de travail ne me permettrait pas une telle flexibilité dans mes heures de lecture. Un calcul rapide me révéla qu'en lisant trois pages et demie par jour je pourrais compléter la lecture de la Bible en un an. Je m'aperçus quc cela me prendrait vingt minutes par jour; je décidai d'y ajouter dix minutes pour méditer sur ma lecture.

Ce soir-là, en me couchant je réglai le réveil de manière à ce qu'il sonne une demi-heure plus tôt. Ma femme me demanda: «Un rendez-vous matinal?»

« Oui », répondis-je.

Il y a dix-neuf ans de cela. Le 19 mai prochain, j'entreprendrai ma vingtième lecture de la Bible. Je compte en apprendre autant à la vingtième lecture que lors de la première.

Pour plusieurs d'entre nous, le petit matin s'est avéré le meilleur moment pour lire; la maison est tranquille, l'esprit est dispos, et l'occasion d'appliquer les principes de la Bible se présentera au cours de la journée. C'est aussi une bonne idée que de lire avec un crayon à la main. Même maintenant, à ma dix-neuvième lecture, je lis des versets, surtout parmi les prophètes, qui me semblent obscurs; je le souligne pour me souvenir de consulter ultérieurement les commentaires de la Bible à leur sujet.

Je note également certains versets, ce qui fait de la Bible une sorte de journal spirituel.

L'une de mes notes me rappelle le jour où mon frère et moi avons eu une violente dispute concernant une transaction; j'avais alors décidé que nous ne pouvions plus travailler ensemble. Le soir venu, je me répétais les phrases dont j'allais me servir pour mettre fin à notre association. Le lendemain matin, alors que je lisais la Bible, je suis tombé sur un extrait dans lequel saint Pierre dit au Seigneur: « Jusqu'à combien de fois dois-je pardonner mon frère lorsqu'il pèche contre moi? Sept fois? » Ce à quoi Jésus répond: « Je ne te dis pas sept fois, mais jusqu'à soixante-dix fois sept fois. » La leçon du pardon infini m'a mis les larmes aux yeux. Plus tard, lorsque j'ai vu mon frère, je savais que je l'avais non seulement pardonné, mais que je devais lui demander de me pardonner.

Une autre de mes notes marginales me rappelle un ami qui œuvre dans le camionnage et qui m'a déjà révélé qu'il pensait à fermer boutique. « Je ne peux trouver suffisamment de clients, disait-il. Je ne peux garder mes véhicules sur la route. Je ne peux même pas payer mes employés. »

Je lisais alors le livre de Job. Je lui demandai : « Crois-tu en Dieu ? » Mon ami me lança un regard soupçonneux. « Bien sûr. »

« Crois-tu que la Bible est d'inspiration divine ? »

« Oui, » dit-il, toujours étonné.

« Connais-tu bien le livre de Job ? »

« Je sais qu'il a eu beaucoup de difficultés », me dit mon ami.

« Sais-tu qu'il œuvrait aussi dans le domaine du transport ? Il possédait 500 bœufs, utilisés pour porter des fardeaux. Il les louait à des gens qui désiraient transporter quelque chose, ou pour le travail des champs. Comme tu dis, il a eu beaucoup de difficultés ; il a tout perdu. Il était aussi sur le point de fermer boutique lorsque Dieu lui a dit que s'il avait un peu de foi, il allait trouver un moyen de tenir bon. »

Mon ami me demanda : « Et qu'est-ce que tu veux que je fasse ? »

« Je crois que les deux situations possèdent des points communs », dis-je.

Trois semaines plus tard, il me téléphona. Il avait travaillé sur la route, offrant ses services à tous les clients potentiels. Quelques contrats lui avaient permis d'obtenir un prêt à la banque ; le moral des employés était très bon, les hommes travaillaient mieux et les choses commençaient à s'arranger. « Tu m'as parlé de Job au moment propice, dit-il. Comment as-tu appris cela ? »

« Je lis la Bible chaque jour. »

« Comment fais-tu pour trouver le temps de lire ? » demanda-t-il.

Je le lui expliquai

5. PRÉPAREZ-VOUS À ÊTRE DÉRANGÉ. Vous devez absolument prévoir du temps pour les délais et les interruptions. Celui qui gagne cinq cents dollars par mois peut s'attendre à des problèmes financiers s'il ne prévoit rien pour les dépenses imprévues. Et bien des gens ne gèrent pas bien leur temps parce qu'ils ne prévoient pas de temps pour les urgences. « Garde-toi toujours du temps pour réparer une crevaison lorsque tu te rends quelque part, » me disait sagement mon père. Je le fais toujours.

Les deux mots les plus précieux pour résoudre les problèmes de temps sont : COMMENCEZ TÔT. Les réparateurs, livreurs et préposés à l'entretien vous promettent qu'ils s'occuperont de vous à une heure précise. À moins qu'ils aient une réputation bien établie de ponctualité, prévoyez des délais lorsque vous budgétez votre temps. Si vous ne le faites pas, les délais risquent de s'avérer coûteux en terme de rendez-vous manqués et de sentiments destructeurs infligés à votre esprit et à votre corps.

Prévoyez des délais : Cela vous sauvera peut-être la vie sur une autoroute, vous permettra peut-être d'obtenir votre diplôme à la fin du semestre, ou vous fera une bonne réputation auprès d'un important homme d'affaires avec lequel vous avez rendez-vous. Ne prévoyez pas de délais et vous serez en proie à l'irritation, à l'exaspération et à la colère, qui sont toutes des émotions destructrices.

Les délais sont des occasions déguisées.

Le temps prévu pour les délais et les délais eux-mêmes peuvent être utilisés de façon créatrice. Harry Johnson, un ami, parcourt les autoroutes. Il a toujours un livre avec lui, et lorsque se produit un accident et qu'il se retrouve pris dans les embouteillages, il lit son livre. L'an dernier, utilisant sagement ses moments libres sur l'autoroute, il a lu trois livres. Je suppose que cela est également révélateur de l'état de nos autoroutes californiennes.

Mon ami Maurice Te Paske est maire de Sioux Center, en Iowa. Il fait parvenir à chaque citoyen de cette ville une carte de souhait le jour de son anniversaire. Où trouve-t-il le temps ? Eh bien, il apporte avec lui ces cartes lorsqu'il se rend à des réunions. Lorsqu'il se passe des choses insignifiantes qui ne méritent pas son attention, le maire signe ses cartes de souhait.

Bien des penseurs axés sur la possibilité accomplissent des choses qui semblent impossibles, grâce aux délais qu'ils prévoient toujours. Ils utilisent le temps de manière profitable. Un délai constitue souvent une occasion inespérée d'impressionner les gens. C'est une occasion d'acquérir une grande réputation de patience et de compréhension.

Un matin, j'attendais un avion qui allait me mener de Grand Rapids, au Michigan, à Chicago puis à Los Angeles. « Tous les passagers du vol 711 sont priés de se présenter au comptoir des informations », annonça une voix dans les haut-parleurs. Un passager qui me précédait entendit aussi la mauvaise nouvelle. « Il y a trop de brouillard, monsieur, et le vol a été annulé. » Je voyais cet homme d'aspect très important devenir de plus en plus tendu. Il disait : « Si ce vol est annulé, je vais rater l'avion de Chicago. Je vais arriver à New York trop tard pour attraper le vol du matin pour Zurich. Et je dois être à Zurich demain ! » Ses yeux bouillonnaient de colère. Je croisai son regard et lui dis en souriant : « J'ai bien peur de rater aussi un avion. Il semble que nous ayons tous les deux un problème. Et j'ajoutai rapidement : Et nous avons tous les deux l'occasion de voir si nous sommes assez grands pour surmonter cet impondérable irritant et coûteux. » Immédiatement, les traits tendus du voyageur pour la Suisse se détendirent. Sa voix cassée s'adoucit. Son attitude exigeante et autoritaire sembla s'adoucir et il dit au préposé au comptoir : « Eh bien, monsieur, voyez ce que vous pouvez faire. En attendant, je vais envoyer un télégramme en Suisse annonçant mon retard inévitable. » Il se retourna pour aller téléphoner. Soudain, il s'arrêta, me regarda calmement et dit : « Merci ! Merci ! » Ainsi, il avait fait d'un problème une victoire personnelle. En partant, il laissa quelque chose derrière lui : une excellente impression !

6. PESEZ SOIGNEUSEMENT VOTRE TEMPS. Toutes les heures ne sont pas d'égale valeur. Une heure le matin est plus précieuse qu'une heure en fin d'après-midi. Une heure au printemps est plus puissante qu'une heure au cours de

l'été humide. Et une heure le lundi risque d'être des moins productives, alors qu'une heure le mercredi peut vous trouver au meilleur de votre forme, plus vivant et plus dynamique. Découvrez quels sont les jours et les heures les plus profitables pour vous. Cela peut varier d'une personne à l'autre, dépendant de divers facteurs incluant la géographie, le climat et la saison. En Alaska, où les journées sont courtes en hiver et les périodes d'obscurité prolongées, la vie émotive d'une personne peut être différente de celle d'un individu vivant à Acapulco. Trouvez les heures du jour, les jours de la semaine, les mois de l'année où votre efficacité est à son meilleur. Autant que possible, planifiez de manière à ce que votre travail le plus important se fasse au cours de vos meilleures heures et de vos meilleurs mois.

Un homme d'affaires me racontait qu'il ne planifie jamais rien d'important pour les deux dernières semaines de décembre et les deux premières de janvier. « Au cours des deux semaines qui précèdent et qui suivent Noël, je sais que mes travailleurs fonctionnent à une fraction de leur efficacité. Je ne planifie jamais rien de très important pour cette période de l'année. »

Richard Neutra a découvert que les toutes premières heures du matin étaient ses meilleures heures. Depuis des années, il a pris l'habitude de commencer à travailler à quatre heures du matin. Bien des créateurs ont découvert que leurs meilleures heures se situaient au petit matin ou très tard le soir. Cela est peut-être dû au fait que, subconsciemment, ils sont tranquilles, sachant qu'on ne les interrompra pas à ces heures. Un esprit créateur est au sommet de ses capacités pendant ses moments de profonde détente.

Pesez vos heures, et vous découvrirez qu'en vous réorganisant, vous pourrez accomplir les tâches les plus importantes au cours de vos meilleures heures, et que vous pourrez accomplir bien plus que vous en faites aujourd'hui.

7. CRÉEZ-VOUS DES OBLIGATIONS QUI VOUS MOTIVERONT. Pour vous prémunir contre la tentation de remettre à plus tard vos projets, mettez sur pied votre propre système de pression. Vous pouvez par exemple annoncer votre intention d'accomplir quelque chose. Dites à suffisamment de gens que vous allez faire quelque chose et vous serez bientôt forcé de vous mettre au travail.

Fixez-vous des objectifs en termes de temps. Respectez un horaire. Cela limitera votre liberté, mais vous serez aussi encouragé à terminer le travail.

Ceux qui ont peu de réalisations à leur actif ont l'habitude de ne pas se fixer d'horaires pour ne pas avoir à les respecter. La vérité est que vous devrez peut-être suivre des étapes concrètes pour vous forcer à agir.

a) Fixez-vous un but concret que vous espérez atteindre. Si vous ne le faites pas, vous passerez toute votre vie à classer des dossiers, à chercher des dossiers, à lire et à classer d'autres dossiers, à étudier, à faire de la recherche et à classer les dossiers de vos observations, à préparer des rapports sur vos dossiers et vos recherches, à établir des index se rapportant à vos dossiers et à préparer des copies pour tous les membres du bureau, etc. Il est étonnant de voir combien de temps peut-être consacré aux activités peu constructives que vous croyez importantes. La seule manière d'échapper au piège que constitue une activité peu importante est d'avoir sous les yeux un objectif très précis, très spécifique.

b) Fixez-vous une échéance pour l'atteinte de votre objectif.

c) Faites part de vos intentions à la famille, aux amis et aux associés. Cela requiert du courage. Vous courez le risque d'être embarrassé si vous n'atteignez pas votre but ou si vous ne respectez pas votre horaire.

d) Une fois le but choisi, l'horaire établi et les intentions révélées à tous, vous vous êtes créé une tension. Le résultat ? Vous accomplirez le travail ! En temps voulu, ou avec un court délai.

8. PRENEZ GARDE AUX EXCUSES FONDÉES SUR LE MANQUE DE TEMPS. Avant de refuser une invitation ou une occasion sous prétexte que vous êtes trop occupé, analysez en profondeur votre raisonnement. Peut-être ne réfléchissez-vous même pas. Peut-être n'est-ce qu'une impression que vous ressentez. La vérité est que nous trouvons tous le temps de faire presque tout ce que nous désirons faire. Lorsqu'un événement très important survient, il est étonnant de voir avec quelle facilité on peut changer ses projets, chambarder son horaire et annuler certaines activités qui, encore la veille, semblaient si importantes. Êtes-vous certain de ne pas avoir le temps ? Peut-être craignez-vous fondamentalement de vous impliquer ou d'échouer. Peut-être êtes-vous épuisé. Et étant donné votre état dépressif, ce sont peut-être vos émotions négatives qui vous font dire : « Je ne peux pas : Je suis trop occupé. » Souvenez-vous que vous risquez de demeurer fatigué jus-

qu'à ce que vous disiez oui et jusqu'à ce que vous essayiez. Vous serez fatigué tant que vous ne serez pas enthousiaste à propos de quelque chose. Et pour être emballé à propos de quoi que ce soit, vous devez vous impliquer. Êtes-vous trop occupé ou trop fatigué? Si vous êtes trop fatigué, lisez le chapitre suivant sur « La source de la jeunesse et de l'énergie ».

9. MÉFIEZ-VOUS DES APPAREILS DESTINÉS À VOUS FAIRE ÉPARGNER DU TEMPS. Vous êtes-vous déjà demandé pourquoi, à notre époque inondée d'appareils destinés à nous sauver du temps, il semble que nous ayons plus de problèmes que jamais?

Ma femme est d'avis que ses problèmes viennent du fait que nous avons acheté tellement d'appareils destinés à sauver du temps qu'elle croit avoir plus de temps qu'elle n'en a en réalité, et qu'elle projette trop d'activités. Elle dit (et je l'écoute) que son mari s'attend à ce qu'elle accomplisse une somme énorme de travail à la maison et dans la communauté à cause de ces appareils.

Mais cette multiplicité d'équipements mécaniques n'épargne pas toujours du temps. La voiture supplémentaire signifie qu'il y aura plus de déplacements; on est continuellement tenté d'aller faire une course. Bien sûr, on doit changer de vêtements, trouver les clés (où les ai-je mises), le portefeuille ou le carnet de chèques, verrouiller les portes, se rendre à l'auto, conduire, trouver une place de stationnement, entrer dans le magasin, attendre d'être servi, prendre le temps d'être aimable, revenir à l'auto, rouler jusqu'à la maison, se garer, rentrer à la maison ou au bureau, et peut-être remettre ses vêtements de travail. Ce qui devait d'abord prendre une minute a pris une demi-heure. Cela vous est-il déjà arrivé? Combien de fois? Alors méfiez-vous de ces sorties d'une minute. Pensez aussi au téléphone. Un appel sous l'impulsion du moment peut se transformer en une conversation de dix ou vingt minutes; cela peut vous forcer à prendre des engagements additionnels qui auraient pu être facilement évités si vous n'aviez pas téléphoné au départ, si l'appel n'était pas essentiel.

Méfiez-vous de ces pièges. Le grille-pain, la lessiveuse automatique, le lave-vaisselle, l'aspirateur et l'auto ont tendance à tomber en panne en même temps. Une somme énorme de temps peut-être consacrée à les réparer, à se rendre chez les réparateurs, à aller les chercher une fois réparés, et probablement à les retourner s'ils n'ont pas été adéquatement réparés. Il ne fait pas de doute que ces appareils permettent souvent d'épargner du temps. Mais ne vous y trompez pas. Ne surestimez pas le temps qu'ils permettent d'épargner. Ils peuvent épargner beaucoup plus de travail que de temps.

10. AUGMENTEZ LA SOMME DE TEMPS DONT VOUS DISPOSEZ EN PENSANT PLUS GRAND. Souvent les problèmes de temps ne sont que le résultat d'un manque de réflexion. Nous croyons que nous devons tout faire nous-même. Nous hésitons à confier des responsabilités aux autres. Il nous est difficile de trouver quelqu'un pour faire une partie de notre travail. Et nous nous retrouvons souvent trop occupés pour résoudre intelligemment nos problèmes, affronter avec fermeté les occasions qui se présentent et vivre une vie de réussite.

Je me souviens avoir conseillé un couple qui avait plusieurs enfants. Le foyer traversait une crise. La femme était épuisée, ce qui la rendait, à l'instar du reste de la famille, irritée et colérique. Mon analyse était simple. Elle était surchargée de travail. La solution ? Une bonne. Ils en avaient les moyens mais, croyez-le ou non, n'avaient jamais eu le bon sens, ni l'un ni l'autre, d'envisager cette solution. La femme s'y opposait. Elle ne pouvait imaginer qu'une autre personne pourrait repasser les chemises de son mari ou préparer les repas. Il était impensable qu'une autre personne puisse s'occuper des enfants de temps à autre. Finalement, elle comprit la sagesse du conseil, l'accepta et la famille est actuellement plus heureuse.

Quoi que vous fassiez, ne laissez jamais passer une importante occasion sous prétexte que vous manquez de temps

Tout le monde, ménagères, représentants, manœuvres, étudiants, peut bénéficier de l'exemple des gens d'affaires prospères et faire face aux occasions en se posant les questions suivantes :

1. S'agit-il d'une bonne idée ?

   Si c'est le cas, nous devons trouver le temps de la concrétiser.

2. Suis-je la personne rêvée pour ce travail ?

   Si je suis celui qui peut le mieux s'attaquer à l'idée, à la nouvelle tâche, lancer la nouvelle entreprise, alors :

3. Comment puis-je trouver le temps nécessaire ?

   Je suppose au départ que je peux facilement trouver le temps :

— En reprenant la comptabilité des moindres minutes de mes journées.

En voyant si l'une de mes présentes activités ne peut être annulée, retardée, écourtée ou effectuée par une autre personne ou même une nouvelle machine.

— En me demandant si je peux commencer plus tôt le matin ou terminer plus tard le soir.

— En faisant une nouvelle liste de mes priorités à la lumière de cette nouvelle occasion. Ce qui était hier très important l'est peut-être moins aujourd'hui à la lumière de ce nouvel événement.

— En me posant sérieusement la question suivante: Quelqu'un peut-il me remplacer, temporairement ou en permanence, et effectuer une partie ou la totalité de mes tâches actuelles afin que je puisse me consacrer pleinement à ce projet?

4. S'agit-il de quelque chose que je devrais confier à un autre? Si cette nouvelle entreprise requiert une personne possédant une formation ou un talent moindre que le mien, ou plus qualifiée et mieux en vue que moi, bref, y a-t-il quelqu'un qui pourrait faire un meilleur travail que moi? Il serait peut-être sage d'embaucher quelqu'un pour faire le travail.

5. Combien de temps durera cette occasion? Serait-il sage ou coûteux d'attendre? Soyez assez fort pour changer vos projets et votre horaire si la situation semble l'exiger. Si la situation requiert une action immédiate, embauchez un homme ou une machine pour faire le travail.

6. Comment trouver l'argent nécessaire pour embaucher la personne en question ? Méfiez-vous de l'affirmation : Nous n'avons pas les moyens d'embaucher une personne de plus. Un bon employé, embauché pour répondre à un besoin pressant, se paie toujours de lui-même. Peut-être devrez-vous réorganiser votre budget financier autant que votre budget de temps.

9

La source de la jeunesse et de l'énergie

« Certaines personnes semblent, plus que d'autres, avoir l'énergie nécessaire à la réalisation de leurs projets. Existe-il un moyen d'acquérir un supplément d'énergie ? Qui plus est, est-il possible de faire bénéficier autrui de notre énergie ? Ces questions pénétrantes et profondes sont celles que posa un jour une jeune fille de seize ans à mon ami, le docteur E. Ezra Ellis, de Whittier, en Californie.

Souffrez-vous d'un manque d'énergie ? Dans l'affirmative, il faut éviter de penser que le phénomène est attribuable à l'âge ou au vieillissement. Un adolescent peut être débordant d'énergie à un moment précis et tout à fait dépourvu de cette énergie lorsqu'un peu plus tard, vous lui demandez de faire quelque chose qui lui déplaît. Mystérieusement ses muscles s'affaissent, sa vitalité se tarit, ses forces se dissipent. J'ai un jour rendu visite à une femme de près de quatre-vingts ans qui était très fatiguée. Son visage, ses jambes, ses bras, son corps tout entier, respiraient la fatigue. « J'ai de bonnes nouvelles pour vous », lui dis-je. Son visage s'éclaira. « Qu'est-ce que c'est ? » me demanda-t-elle. Déjà, alors qu'elle posait la question, je pouvais voir l'énergie circuler dans son corps fatigué. Ses yeux s'élargissaient. Ses lèvres reprenaient vie, s'ouvrant pour poser la question pleine d'espoir. L'énergie envahissait lentement son corps, produite par le cerveau qui avait reçu une pensée axée sur la possibilité. Elle s'attendait à d'heureuses nouvelles, ce qui produisait de l'énergie.

« J'ai entendu dire que vous allez avoir de la visite de l'est, quelqu'un qui est impatient de vous voir », lui dis-je. Elle se redressa dans son fauteuil. L'anticipation montait et, avec elle, la vitalité, l'énergie et la force physique. Je lui révélai le nom de l'ami qui allait lui rendre visite. La force qui envahit soudain son corps tout entier m'ébahit. Elle me confia plus tard qu'au cours des deux jours qui suivirent elle avait nettoyé sa maison, fait des biscuits, téléphoné à quelques personnes ; elle était vraiment revenue à la vie. Où avait-elle puisé cette énergie ? Dans une puissante idée axée sur la possibilité.

La pensée axée sur la possibilité est une grande génératrice d'énergie. Car l'énergie est générée par les espoirs et l'attente d'événements intéressants ou emballants. Vous souvenez-vous de ces veilles de pique-nique alors que vous étiez enfant ? Vous étiez tout excité. Vous aviez du mal à dormir. Vous vous éveilliez tôt et sautiez hors du lit. Il y a quelque temps, je me sentais fatigué. J'étais entre deux projets. Puis j'entrepris d'écrire ce livre. Je commençai à imaginer le manuscrit terminé, le livre relié et n'eus jamais autant d'énergie qu'au moment où j'écrivis ces lignes. Il n'est pas étonnant que les penseurs axés sur la possibilité semblent toujours déborder d'énergie.

La pensée pleine d'espoir produit un grand enthousiasme et

L'enthousiasme, c'est de l'énergie !

Entreprenez dès maintenant le cycle du succès: (1) Prenez une idée axée sur la possibilité. (2) Visualisez-la. (3) Devenez enthousiaste. (4) Allez de l'avant; ainsi vous obtiendrez beaucoup d'énergie.

L'enthousiasme génère de l'énergie. Ne l'avez-vous jamais expérimenté? Moi oui, au cours de plusieurs réunions de comité. Le comité se réunit chaque mois. On pense qu'il n'y a rien dont il nous faut discuter. Mais on se met à converser jusqu'à ce que, brusquement, une idée créatrice soit lancée, récupérée, développée, analysée, et que tout le monde soit brusquement sorti de sa léthargie. Les mains qui étaient paresseusement posées sur la table sont maintenant crispées par l'excitation, les regards endormis sont maintenant alertes, pétillants, bien éveillés !

Le climat est chargé d'électricité à cause de l'excitation, de l'enthousiasme, de l'énergie. Supposons qu'à ce moment un penseur axé sur l'impossibilité prenne la parole et prétende tout savoir, imaginant des erreurs, des problèmes, des obstacles, parlant des coûts et rejetant l'idée. Qu'arrive-t-il? Eh bien s'il gagne, le projet est anéanti. L'idée est abandonnée. Tout le monde retombe dans la léthargie. Quelqu'un bâille et dit: « Je propose l'ajournement. » Et les gens fatigués quittent la pièce. Mais supposons que le penseur axé sur l'impossibilité ne se manifeste pas ou que les penseurs axés sur la possibilité balaient ces obstacles, règle les problèmes et la question des coûts. On propose alors d'aller de l'avant avec le projet. À la fin de la réunion, les membres du comité quittent la pièce d'un pas ferme et énergique.

La pensée axée sur la possibilité est la source et le secret de l'énergie et de la jeunesse. Pourquoi parlons-nous d'énergie et de jeunesse? Est-ce parce que certains jeunes, à cause de leur jeune âge précisément, peuvent entrevoir de plus grandes possibilités de réalisations et de services à la communauté qu'un homme plus âgé? C'est la raison pour laquelle les jeunes gens dépourvus de buts et de rêves sont en réalité vieux et fatigués. Souvent, ils doivent accomplir des tâches désagréables ou poser des gestes répréhensibles pour créer assez d'excitation et, partant, générer assez d'énergie pour se sentir vraiment vivants. Cela explique la raison pour laquelle certains octogénaires peuvent faire preuve d'une plus grande énergie que des individus dans la vingtaine. L'octogénaire à la poursuite d'un projet constructif a beaucoup plus d'énergie physique que l'adolescent dépourvu de but, de cause, de projet et de dessein. La pensée axée sur la possibilité est génératrice d'énergie. La pensée axée sur l'impossibilité est génératrice de fatigue. C'est aussi simple que cela.

Alors le penseur axé sur la possibilité, indépendamment de sa fatigue physique du moment, ne réagit jamais à une idée positive en disant: « Je suis trop fatigué. » Jamais! Il réagit en disant: « Est-ce une bonne idée? » Et s'il obtient une réponse affirmative à cette question, il s'aperçoit soudain qu'il est envahi par une énergie *mystérieuse* provenant... *il ne sait d'où*! En vérité, les penseurs axés sur la possibilité sont des gens qui ont découvert le secret et la source de l'énergie et de la jeunesse.

On retrouve des penseurs axés sur la possibilité dans toutes les catégories d'âge. J'en ai connu qui avaient quatre ans et d'autre plus de quatre-vingt-dix ans. Les deux semblaient posséder cette étonnante qualité de la vie que nous appelons la jeunesse. Ceux qui sont jeunes de cœur sont vivants, perspicaces, éveillés aux possibilités de la vie.

Les penseurs axés sur la possibilité sont des gens qui ont abattu la barrière du temps. Lorsqu'ils sont entre eux, ils semblent inconscients des différences d'âge. Ils sont attirés les uns vers les autres par leurs rêves, leurs aspirations, leur projets, leurs intérêts et leurs passe-temps mutuels.

Je les vois discuter ensemble, formant un cercle sur le terrain de notre église: une petite fille de treize ans, un homme de soixante-quinze ans, une femme de soixante-dix ans et un homme de trente-huit ans, tous pris par une discussion animée! Une conversation heureuse! Une conversation enthousiaste! Pleine de projets! Ils sont liés ensemble par leur pensée axée sur la possibilité, qui transcende les différences d'âge. Ils sont totalement inconscients de ces différences. En ces moments de pensée axée sur la possibilité, ils ont abattu la barrière du temps et vivent dans une autre dimension. Ils sont jeunes d'esprit, voient les possibilités qui les entourent et imaginent des moyens de tirer profit de ces occasions.

L'énergie est bien plus une question d'attitude qu'une question d'âge.

Je conserve une lettre que m'a écrite une jeune fille de quatorze ans qui habite à El Paso, au Texas. Elle écrit: «Chez révérend, j'habitais auparavant à Anaheim et je fréquentais votre église dans le cinéma en plein air. J'ai maintenant décidé d'être médecin. J'irai dans les pays pauvres, possiblement en Tanzanie, et je construirai un grand hôpital. Je veux que vous me disiez ce qu'il faut faire pour atteindre cet objectif. Je veux réaliser ce rêve coûte que coûte. Je sais qu'il y aura de nombreux problèmes. Je sais que ça coûtera beaucoup d'argent. Je sais que je devrai travailler dur. Ça ne fait rien. Je vais le faire. Je veux juste savoir ce qu'il faut que je fasse pour devenir missionnaire au sein de votre église. Dites-moi ce qu'on attend de moi. N'oubliez rien. J'ai des quantités et des quantités d'énergie et je ne vous décevrai pas.»

Voilà un exemple de personne de quatorze ans qui axe sa pensée sur la possibilité!

Le docteur Albert Schweitzer a travaillé énergiquement et avec enthousiasme au-delà de sa quatre-vingt-dixième année. Malgré qu'il avait accumulé une somme incroyable de réalisations et d'honneurs, il continua à croire qu'il pouvait encore faire beaucoup. Jusqu'à sa mort, il demeura incroyablement actif, travaillant à un manuscrit.

Browning a écrit: «Vieillissez à mes côtés! Le meilleur est encore à venir.» Voilà de la pensée axée sur la possibilité! Parce qu'ils continuent d'entrevoir des projets nouveaux et emballants, les penseurs axés sur la possibilité ne vieillissent jamais.

Le révérend docteur Daniel Poling, le membre du conseil le plus âgé du protestantisme américain, prit l'avion à New York pour se rendre en Californie alors qu'il avait plus de quatre-vingts ans. Il passa quatre jours en Californie à faire des visites importantes, plusieurs sermons et à assister à des rendez-vous d'affaires ; puis il reprit l'avion et retourna à son travail à plein temps d'éditeur en chef du périodique religieux le plus important du pays. Où puise-t-il son énergie ? Il la tire de son imagination et de son enthousiasme ! Il voit tellement de façons possibles d'être continuellement créatif et constructif. Pas étonnant qu'il ait l'air plus jeune qu'il ne l'est en réalité. La pensée axée sur la possibilité est la fontaine de jouvence que tous recherchent.

> *Nul n'est vieux à moins d'avoir perdu sa perspective. Et l'homme est jeune aussi longtemps qu'il voit des possibilités autour de lui !*

À la Garden Grove Community Church, nous avons une organisation que nous appelions auparavant « Personnes âgées ». Nous avons changé ce nom pour celui de JEUNES DE CŒUR. Bien que certains membres de ce groupe portent des lunettes plus épaisses que celles portées au temps de leur jeunesse, ils ont un sens plus développé de l'amour, de l'entraide, du travail dans leur église, dans leur rue, dans leur communauté. Ils développent des qualités longtemps négligées au cours des années de tension. Ils s'attaquent finalement à des occupations de loisirs auxquelles ils n'avaient pas eu le temps de s'adonner auparavant. Ils désirent vivre intensément chacun des jours de leur vie. Pas étonnant que nous les appelions JEUNES DE CŒUR.

J'ai récemment pris la parole sur le campus d'une université de l'est du pays. J'étais inspiré par la pensée axée sur la possibilité de certains de ces jeunes gens. Ils rêvent de conquérir le monde. Ils ont de grands rêves, de grands espoirs, des buts excitants. Ils sont emballants, vivants, jeunes de cœur. À cette même occasion, j'ai fait la connaissance de vieillards dont les âges variaient entre dix-huit et vingt-quatre ans. Des gens ennuyeux. Même s'ils réussissaient bien au niveau académique, leur mode de pensée laissait à désirer, car ils étaient pessimistes, cyniques, déprimés et n'entretenaient aucun espoir quant à un avenir heureux. Conséquemment, ils étaient dépourvus d'enthousiasme et de cette énergie, de cette jeunesse que procure toujours l'enthousiasme. Ils avaient l'air de vieilliards. Ils agissaient comme des vieillards. Ce sont des vieillards. Car un vieillard est un individu qui n'a pas d'avenir. Et nous créons notre avenir dans notre imagination. Si je peux imaginer quelque chose de merveilleux que je peux faire aujourd'hui ou demain, j'ai un avenir ! Hélas, il est vrai que certaines personnes âgées de dix-huit ans n'envisagent aucun avenir pour elles-mêmes. Elles n'ont aucune imagination créatrice. Elles axent leur pensée sur l'impossibilité. Elles ne voient que des problèmes, et à cause de leur manque d'imagination, les acceptent comme des obstacles insurmontables. Leur imagination axée sur l'impossibilité les décourage.

Le général Douglas MacArthur, alors qu'il était avancé en âge, déclara à Los Angeles, en 1956: « Vous êtes aussi jeune que votre foi, aussi vieux que vos doutes; aussi jeune que votre assurance, aussi vieux que vos craintes; aussi jeune que votre espoir, aussi vieux que votre désespoir. Au centre de tout cœur se trouve un appareil enregistreur; tant qu'il reçoit des messages de beauté, d'espoir, de joie et de courage, la personne reste jeune. Lorsque les fils sont usés et que le cœur est recouvert par les neiges du pessimisme et les glaces du cynisme, la personne devient vieille. »

Il ne fait aucun doute que les effets les plus destructeurs de la pensée axée sur l'impossibilité se retrouvent dans la notion négative très répandue qui veut qu'entre quarante-cinq et soixante-cinq ans, un homme soit automatiquement considéré comme ayant « atteint le sommet de sa carrière », comme étant sur le déclin. Quels dommages a pu causer cette notion ! Elle a poussé certains de nos citoyens les plus capables à se croire vieux. Rien d'étonnant à ce que certains individus dans la force de l'âge perdent leur motivation dans la vie. De grands esprits, des penseurs créatifs, des leaders expérimentés sont fortement tentés de commencer à se retirer juste au moment où ils sont sur le point de graduer avec tous les honneurs de l'école de l'expérience.

Étant donné les progrès rapides de la médecine moderne, il est possible pour bien des gens de conserver une bonne santé physique jusqu'à la fin. Peut-être les os ne sont-ils plus aussi solides qu'auparavant, mais la santé physique est largement tributaire du mode de pensée. Votre propre esprit vous conservera la jeunesse ou fera de vous un vieillard. Modifions notre attitude envers l'âge d'or. Modernisons notre mode de pensée par rapport aux gens âgés.

Le docteur Henry Poppen, l'un des ministres les plus dynamique de la Garden Grove Community Church, a plus de soixante-quinze ans. Il est et a toujours été un grand penseur axé sur la possibilité. Il est et a toujours été jeune de cœur. Après quarante ans de missionnariat en Chine, il a été fait prisonnier par les communistes et est devenu le prisonnier personnel de Mao Tse-Toung. Finalement, il a eu un procès public. Le missionnaire grisonnant a été conduit sur une estrade, au milieu d'une place où près de dix mille personnes écoutaient alors qu'on l'accusait de tous les crimes imaginables. Ce n'était pas son premier contact avec le danger. Il avait vécu trois guerres. Il avait affronté, les yeux dans les yeux, le chef de l'armée japonaise lors de l'invasion de la Chine quelques années auparavant. Partout dans le monde, des gens priaient pour ce missionnaire célèbre. Leurs prières furent exaucées. Le procès se termina par un verdict de culpabilité, mais on le condamna au «bannissement à perpétuité du territoire chinois». On lui donna vingt-quatre heures pour quitter le pays.

Peu de temps après, il était de retour en Amérique. Il avait maintenant soixante ans. Il avait eu une vie bien remplie et avait traversé des épreuves énormes. On décida qu'il devait prendre sa retraite. «Il en avait suffisamment fait.» Il est vrai qu'il avait l'air assez fatigué, vidé. Après tout, il avait vécu une expérience assez difficile. Je lui envoyai une lettre un jour à Kalamazoo, au Michigan. «Docteur Poppen, je crois que vous pourriez faire un bon travail pour nous, à Garden Grove. Qu'en pensez-vous ?» Son imagination se mit en branle. Son énergie lui revint. Et avec elle une promesse de se rendre en Californie «pour voir si je pourrai aider ce jeune homme». Le docteur Poppen a maintenant passé plusieurs années fructueuses au sein de notre personnel. Son énergie fascine les gens. Certaines personnes âgées se laissent persuader qu'à cause de leur âge, elles n'ont plus d'énergie. En réalité, leur subconscient les pousse à succomber à la tentation de se reposer.

La tentation de la paresse ne vieillit jamais.

Une autre raison qui fait que les penseurs axés sur la possibilité semblent avoir une inépuisable énergie est que leur constante poursuite des possibilités leur a permis d'échapper à l'ennui, une cause majeure d'épuisement. Qu'est-ce que l'ennui sinon un manque d'enthousiasme ? Dans bien des cas l'ennui est le résultat d'une prudence excessive, du refus de prendre des risques. Les penseurs axés sur la possibilité sont des joueurs glorifiés. Lorsqu'ils découvrent un besoin à combler, lorsqu'ils sont pris par un rêve utile et exemplaire, ils y consacrent leurs énergies sans aucune garantie inconditionnelle contre l'échec.

Les penseurs axés sur la possibilité sont des spéculateurs sanctifiés qui courent des risques et recherchent l'aventure. Car ils sont plus intéressés à rendre service et à réussir qu'à conserver leur sécurité. Alors ils plongent lorsqu'ils découvrent de grandes possibilités. L'audace et le courage sont leurs marques de commerce. Ils ont échappé à la monotonie qui, chez les gens prudents, provoque l'ennui, l'apathie et la fatigue.

Certains sont tués par des éclats d'obus
Et d'autres descendus en flammes,
Mais la plupart des hommes périssent petit à petit,
À des jeux sans importance.

Cette mentalité de joueur les conserve également jeunes et énergiques. Le désir constant de prendre des risques est une indication de la jeunesse. Les jeunes gens ont tendance à être audacieux. Les gens âgés ont tendance à être prudents. Lorsque la recherche de la sécurité prend le dessus, l'âge commence à se manifester. Lorsque l'esprit aventurier commence à s'estomper et que la recherche de la sécurité s'installe, vous faites face au premier symptôme de la dégénérescence.

Les civilisations, institutions, nations et entreprises nouvelles font preuve d'une grande audace au cours de leurs premières années. J'en donne pour preuve les pélerins qui voguaient vers le nouveau monde dans un tout petit navire, sans radio, pénicilline, bouteilles d'oxygène ou aspirine. Juste un grand rêve! Ou pensez aux pionniers qui sont partis pour l'Ouest américain. Le voyage prenait des mois à bord de voitures tirées par des bœufs. Les dangers étaient énormes. Les garanties étaient minces. Ils avaient beaucoup de courage dans les veines, et énormément d'énergie.

La mentalité qui accepte de prendre des risques se retrouve surtout chez les jeunes. Pourquoi? Est-ce parce qu'il y a peu de choses à perdre? Il est plus facile d'être brave lorsqu'on est jeune que lorsqu'on a un certain âge, parce qu'on ne risque que d'avancer! Il y a toujours ce grand danger de perdre sa vaillance une fois la réussite atteinte. À ce stade, il y a quelque chose à perdre. « Je ferais mieux de me retirer alors que tout va bien », raisonne-t-on souvent. Certains des gens les plus insécures que je connaisse sont ceux qui ont beaucoup de richesses matérielles. Ils sont affligés par l'anxiété, l'inquiétude et la crainte de commettre de coûteuses erreurs de jugement dans leurs programmes d'investissements. Ils sont plus affligés par l'insécurité à un âge avancé qu'ils ne l'étaient plus jeunes. Ayant accumulé des fortunes, ils ont perdu la vitalité de leur jeunesse. C'est tragique ! Et si cela est vrai pour les individus, c'est un mal dont sont également affligés les états, les nations, les civilisations, les entreprises et les industries. Peu d'endroits en Amérique font preuve de plus de dynamisme, de nos jours, que l'Ouest américain. La Californie, l'Arizona, le Nevada se sentent jeunes, pensent jeunes et ont l'audace de la jeunesse, car ils sont jeunes.

L'un des hommes les plus énergiques qui aient jamais vécu est Theodore Roosevelt. C'était un audacieux penseur axé sur la possibilité qui disait : « Il est bien mieux de tenter de grandes choses, pour obtenir de glorieuses victoires, même parsemées d'échecs, que de joindre les rangs des pauvres gens qui ne connaissent ni beaucoup de joie, ni beaucoup de souffrance parce qu'ils vivent dans la zone grise qui ne connaît ni la victoire ni la défaite. »

Soyez vivant ! Trouvez-vous un rêve. Fixez-vous un but. Entreprenez un projet. Vous retrouverez la jeunesse. L'énergie de la jeunesse envahira votre corps à demi mort. Vous renaîtrez ! N'est-ce pas merveilleux ?

Dix étapes pour régénérer votre énergie

1. ANALYSEZ VOTRE FATIGUE. Êtes-vous certain d'être vraiment fatigué ? Récemment, ma femme et moi avons passé une fin de semaine au bord de la mer. « Ce que je suis fatigué », disais-je. Je me sentais vraiment vidé. J'avais travaillé très dur. « Tu n'es pas fatigué. Tu es juste en train de te détendre », me disait ma femme avec perspicacité. *Bien sûr*, pensai-je sincèrement, *ce n'est pas de la fatigue, mais une détente complète* ! Et lorsque mon esprit y vit vraiment de la relaxation au lieu de la fatigue,

je me sentis merveilleusement bien. Je n'étais plus fatigué du tout. Vous découvrirez que souvent la fatigue est en réalité de la relaxation, ou une désorganisation, de l'indécision, de l'hostilité dissimulée, de l'ennui, de la culpabilité, de la frustration ou la sensation d'être piégé.

2. VÉRIFIEZ VOTRE CONDITION PHYSIQUE. Subissez un examen médical. Peut-être avez-vous besoin de vitamines ou d'exercice. J'ai découvert que, lorsque je suis fatigué, je peux vraiment renouveler mon énergie en faisant une saine promenade. La marche est un art négligé dans notre société de gens assis. L'exercice peut générer de l'énergie. Peut-être souffrez-vous d'embonpoint. Cela favorise la fatigue. « Je suis fatigué d'être assis... Je suis fatigué d'être debout... Je suis fatigué de transporter constamment ce poids »: Voilà des causes très révélatrices de fatigue.

3. CANALISEZ VOS ÉNERGIES CACHÉES. Nous avons tous des énergies que nous n'utilisons jamais parce que nous ne savons pas que nous les possédons... jusqu'à ce que nous soyons forcés d'y faire appel ! J'ai déjà lu, dans le *Reader's Digest*, l'histoire véridique d'un homme qui avait déplacé un camion pour venir au secours d'un conducteur menacé de périr dans les flammes. Impossible? On lui demanda comment il avait fait. Il répondit : « Un homme ne connaît pas sa force jusqu'à ce qu'il soit obligé de l'utiliser. » Découvrez et utilisez cette source d'énergie cachée en vous. Comment ?

4. IMPLIQUEZ-VOUS DANS UNE CAUSE, UN PROJET, UN OBJECTIF MERVEILLUEX OU DANS UNE TÂCHE AXÉE SUR LA RÉSOLUTION D'UN PROBLÈME. Jusqu'à ce que vous vous impliquiez, vous manquerez d'énergie. Nous trouvons rarement l'énergie

nécessaire à l'accomplissement d'un travail avant de plonger et de s'attaquer à ce travail. Trop fatigué pour commencer ? Commencez quand même. La force vous viendra. L'hésitation ne génère jamais d'énergie. Elle entraîne une dépense d'énergie. L'engagement, même peu convaincu, est souvent la première étape pour éliminer la fatigue.

Les buts imprécis, les objectifs et les projets peu spécifiques, les vagues opinions dénuées de conviction ferme vous laisseront dans un état de fatigue et d'indécision. « Je suis fatigué d'y penser », dites-vous en essayant d'oublier le sujet. *Une telle fatigue n'est peut-être qu'un moyen de défense subconscient destiné à vous éviter de faire face à une prise de décision difficile.* Une fois que vous vous serez forcé à prendre cet engagement douloureux ou peu rassurant, vous verrez disparaître la fausse fatigue de l'indécision. L'énergie vous envahira aussitôt que vous aurez pris votre décision.

5. ORGANISEZ-VOUS POUR RÉUSSIR. Évitez la fatigue qui provient du découragement. Si le travail semble trop imposant et que vous ne savez par quel bout commencer, vous connaîtrez le découragement, la confusion et la dépression. Votre esprit, tentant une manœuvre de défense désespérée, dira à votre corps qu'il est fatigué. Ce n'est pas vrai. Vous n'êtes pas fatigué. Vous êtes simplement désorganisé. Débarrassez votre vie et votre temps de l'excès de bagages. Trouvez l'aide dont vous avez besoin, apprenez à dire non à ce qui est sans importance et vous vous retrouverez bientôt en pleine possession de vos moyens. En ayant le sentiment de contrôler la situation, vous vous sentirez fort. Vous aurez de l'énergie.

6. RAPPROCHEZ-VOUS DES GENS ÉNERGIQUES. Lorsque vous êtes en compagnie de gens négatifs qui se plaignent et s'apitoient sur leur sort, vous avez tendance à manquer d'énergie. Rapprochez-vous des gens positifs et ils vous emballeront. Ils vous donneront de l'énergie. « Je suis fatigué de l'entendre se plaindre », dites-vous. En vérité, les gens négatifs vous épuisent. De la même manière, vos propres pleurs, vos plaintes et vos inquiétudes vous fatigueront physiquement.

7. DÉBARRASSEZ-VOUS DE CES IMPRESSIONS DE FATIGUE ET COMMENCEZ À VOUS CONVAINCRE QUE VOUS AVEZ DE L'ÉNERGIE. Souvent, je commençais à me sentir fatigué. Je commettais l'erreur de dire: « Je suis fatigué. » Je formulais à voix haute mes émotions destructrices, négatives. Le résultat? J'étais vraiment fatigué. *J'intensifiais ma fatigue en me poussant à croire à ce que je ressentais.* Maintenant, je m'oblige à dire : « Je me sens plein d'énergie. Je sens l'énergie envahir mon système circulatoire. Je sens les muscles de mes bras et de mes jambes. » Je serre fortement les poings jusqu'à ce que je me sente fort et je dis : « Je suis fort ! Je me sens fort ! » Et la force, l'énergie et la vitalité m'envahissent vraiment.

Fou? Pas du tout. C'est l'utilisation de lois scientifiques qui amène l'esprit négatif à cesser de mentir lorsqu'il essaie de me convaincre que je suis fatigué. Cette affirmation positive entraîne des pensées enthousiastes, qui sont elles-mêmes génératrices d'énergie; les muscles se détendent dans ce climat qui dissipe les tensions, et permettent une meilleure circulation sanguine; et l'énergie potentielle contenue dans l'organisme est ainsi relâchée. Ça marche vraiment.

8. RÉSERVEZ-VOUS DES PÉRIODES RÉGULIÈRES DE RÉGÉNÉRATION D'ÉNERGIE. Pour y arriver, rien de mieux que de fréquenter l'église une fois par semaine. Plusieurs milliers de personnes se rendent à l'église pour se faire remonter le moral. Améliorez votre moral et vous rétablirez votre apport d'énergie. Les esprits forts génèrent de la force physique. « Ceux qui s'appuient sur le Seigneur renouvelleront leur force. Ils s'élèveront comme des aigles. Ils courront sans s'épuiser. Ils marcheront sans défaillir. »

9. ACCEPTEZ LE CHRIST DANS VOTRE VIE. « Le Seigneur est la force de ma vie... Je mettrai ma force dans le calme et la confiance... J'accomplirai tout grâce au Seigneur qui est ma force. » Ces versets de la Bible nous révèlent que l'énergie est présente lorsque le Christ est présent dans la vie. Voici pourquoi. Le Christ nous permet d'échapper à la culpabilité. Il nous pardonne nos péchés. Rien ne demande autant d'énergie que la culpabilité. Et lorsque l'on se sent propre intérieurement, on se sent jeune et fort ! L'hostilité, le ressentiment, la jalousie, l'apitoiement sur son sort, l'ennui, la solitude et les plaintes réprimées sont des émotions qui drainent l'énergie en entraînent la dépression et la fatigue. La fatigue du corps est inévitable.

Si vous avez des pensées conflictuelles toute la journée, vous serez épuisé le soir, comme après une bataille.

Le Christ peut vous guérir de ces émotions négatives. Il remplit votre vie d'émotions positives : la bonne volonté, la tolérance, la compréhension, l'esprit d'entraide et de miséricorde. Ces émotions qui génèrent la joie procurent la vitalité.

10. RÉCITEZ DES PRIÈRES ÉNERGIQUES. Jésus-Christ, viens dans ma vie. Libère mon esprit de tous ses péchés. Aime les autres à travers moi. Je crois que tu viens en moi dès maintenant sous la forme d'idées d'inspiration divine. Je sais que je possède une somme fabuleuse d'énergie dissimulée en moi. Je me sens jeune, j'ai de l'énergie, je suis énergique. Merci pour cette vitalité et cette force spirituelles et physiques. Vis en moi, ô Dieu, et accomplis de bonnes œuvres à travers moi. Merci encore. Amen.

10

Il y a quelqu'un, quelque part, qui peut vous aider

Vous pouvez accomplir l'impossible si vous vous entourez des bonnes personnes

Si vous avez une bonne idée... mais que vous manquez de l'argent, du temps ou des connaissances nécessaires à sa réalisation ; *si vous faites face à un problème...* et que vous n'arrivez pas à le résoudre de façon créatrice et constructive, le conseil le plus important que je puisse vous donner est le suivant : Tenez compte de ces paroles :

> *Il existe quelqu'un, quelque part, qui peut vous aider.*

Si votre difficulté semble insurmontable, si l'occasion vous semble impossible à saisir, si votre rêve semble irréalisable, ne devenez pas un penseur axé sur l'impossibilité, qui abandonne à la première occasion. Axez votre pensée sur la possibilité et souvenez-vous que la solution à un problème consiste bien souvent à s'entourer des personnes qui nous aideront à résoudre ce problème. Soyez prêt à remuer le ciel et la terre jusqu'à ce que vous trouviez l'aide nécessaire à cet effet. Vous pouvez abandonner Dieu mais Dieu ne vous abandonnera jamais. Il attend simplement que vous lui demandiez son aide. Ce qui signifie que vous devez être suffisamment intelligent pour croire qu'il y a de l'aide, assez déterminé pour trouver cette aide, assez reconnaissant pour payer pour cette aide et assez humble pour l'accepter.

Ces leçons, *un prisonnier de San Quentin les apprit un jour.* Enfermé dans une cellule isolée, considéré comme incorrigible, il faisait face à trois condamnations à vie consécutives. Son père était décédé. Sa mère refusait de répondre à ses lettres.

Alors qu'il évoquait des souvenirs de sa vie passée en prison, il me dit: «Un jour je demandai à ma mère de m'envoyer une carte de Noël. Elle ne le fit pas. J'avais le sentiment qu'aucun être humain ne réalisait que j'existais. Puis la porte de ma cellule de neuf pieds sur six s'ouvrit. Le gardien, Clinton Duffy, y entra.

«Pourquoi n'essaies-tu pas de sortir d'ici?» me demanda-t-il. «Pourquoi le devrais-je? lui répondis-je d'un ton amer. Personne ne se soucie de moi. Absolument personne.» La suite de l'histoire est la suivante:

Duffy s'approcha, regarda avec sympathie le pauvre jeune homme et, avec tendresse et fermeté, il lui dit: «MOI JE ME SOUCIE DE TOI.» Ce fut le début du miracle qui allait complètement transformer la vie de Bill Sands. Plutôt que de lutter contre le gardien, Bill en tira des enseignements ; il apprit à vivre correctement. Duffy était devenu l'aide dont Bill avait besoin pour gagner sa liberté. Trois ans plus tard, Bill était un homme nouveau et un homme libre. Vingt-six ans plus tard, cet homme, que l'on avait déjà considéré comme un prisonnier incorrigible, fonda la Seventh Step Foundation, dont la mission est de redonner l'espoir à des millions de détenus et d'ex-détenus. L'Amérique tout entière a une dette envers Bill Sands.

Où que vous soyez, quelle que soit votre situation, il y a quelqu'un, quelque part, qui peut vous aider. Cette personne qui semble être votre pire ennemi peut en réalité, être celle-là même qui se révélera votre meilleur ami. Le gardien est-il l'ami ou l'ennemi du prisonnier? Tout dépend de l'attitude du prisonnier.

Dieu vous réserve quelqu'un, quelque part, qui peut vous aider.

Deux conjoints en instance de divorce l'ont appris un jour.

Mais laissons plutôt Henry et Shirley Hinke raconter leur propre histoire.

Shirley : Henry et moi avons récemment célébré notre vingt-cinquième anniversaire de mariage. À cette occasion notre fils de vingt et un ans nous entendit rire et dire à quel point nous étions heureux. À un moment pourtant sa voix se brisa : « Ça n'a pas toujours été comme ça. Je me souviens, il y a longtemps... », et il nous rappela une triste époque de notre mariage. Nous nous sommes mariés en 1941. Nous fréquentions l'église et avions tous deux fait des études universitaires. La vie était agréable. Seule la menace de la deuxième guerre mondiale faisait obstacle à notre réussite et à une vie pleine et heureuse. À la fin de la guerre, nous nous sommes efforcés de conserver la famille unie.

Henry: À cette époque, tout n'alla pourtant pas sans heurts. Des obstacles s'infiltraient dans notre vie quotidienne. L'individu « Je » devait être satisfait. Les associations n'étaient importantes que dans la mesure où elles pouvaient profiter à « Je ». Le partage du bonheur familial était ridicule sauf s'il flattait l'ego de « Je ». La tendresse n'était utile que pour obtenir ce que « Je » voulais. Confronté à la tâche difficile de me refaire une image d'homme d'affaires, la sympathie devint un outil pour me gagner des admirateurs. Bien que j'aie été décoré comme personnalité exemplaire de la ville de Columbus, en Ohio, mon ambition égocentrique menaçait sérieusement mon mariage.

Shirley: Bien des assiettes furent brisées à la maison, alors que les disputes, les prises de becs et les larmes étaient devenues monnaie courante. Maintes fois, notre tout jeune fils nous fit promettre de ne pas nous faire de mal avant qu'il se soit endormi.

Henry: Si notre mariage a pu durer... et croître en amour et en bonheur, aucun mariage n'est vraiment condamné à l'échec. Dieu n'est pas mort. Les miracles se produisent encore de nos jours.

Shirley: Le miracle a commencé à se produire dans notre vie lorsque nous avons réalisé que Dieu n'avait plus sa place désormais dans notre vie quotidienne. Nous n'allions plus à l'église et Dieu ne nous guidait plus. Et ce n'est qu'une fois que l'avocat eut été contacté et la fin de notre union imminente que nous réalisâmes qu'il en était ainsi. Alors nous nous fîmes la réflexion suivante: *Si une troisième personne est nécessaire pour dissoudre un mariage pourquoi une troisième personne ne pourrait-elle pas sauver notre mariage? Demandons à Dieu de prendre en main notre vie et notre mariage.*

Henry: Alors nous nous sommes remis à fréquenter l'église. On nous a indiqué un conseiller matrimonial de la Community Church de Columbus, en Ohio, qui nous a vraiment aidés.

Shirley: Cette fois, plutôt que de fréquenter tout bonnement l'église, nous nous sommes impliqués dans des expériences religieuses vitales, vraiment, pour la première fois de notre vie. NOUS AVONS HONNÊTEMENT ACCUEILLI DIEU DANS NOTRE ÉQUIPE.

Henry: Nous ouvrons souvent la Bible pour y lire ces mots de Jésus:

Ainsi, quiconque écoute ces paroles que je viens de dire et les met en pratique, peut se comparer à un homme avisé qui a bâti sa maison sur le roc. La pluie est tombée, les torrents sont venus, les vents ont soufflé et se sont déchaînés contre cette maison, et elle n'a pas croulé: C'est qu'elle avait été fondée sur le roc. Et quiconque entend ces paroles que je viens de dire et ne les met pas en pratique, peut se comparer à un homme insensé qui a bâti sa maison sur le sable. La pluie est tombée, les torrents sont venus, les vents ont soufflé et se sont rués sur cette maison, et elle s'est écroulée. Et grande a été sa ruine! (Mt 7:24-27)

Shirley: En vérité, nous avons découvert ces deux types de maisons dans notre mariage. Nous sommes reconnaissants, en toute humilité, du fait que la maison des Hinke repose aujourd'hui solidement sur le roc de Jésus-Christ.

Henry: Au cours des années qui ont suivi notre décision d'accueillir le Christ, les vents ont soufflé, la pluie est tombée et les torrents sont venus, adoptant la forme de la guerre de Corée, puis d'arthrite rhumatoïde, ce qui a duré plusieurs années.

Shirley: Mais à travers tout cela, nous avons aimé Dieu en tant que famille, et nous nous sommes fiés à Lui pour nous guider. Nous avons eu nos moments difficiles, bien sûr, mais notre amour du Christ, de même que notre amour mutuel, croît en beauté avec chaque année qui passe.

Henry: Depuis que nous avons vraiment trouvé le Christ et accepté son aide, notre foyer repose sur de solides fondations. Il n'y a plus, sous notre maison, de sables qui risquent d'être balayés par les vents de la fortune. *Quelqu'un nous a demandé si ce moyen était le plus facile; nous vous disons qu'il s'agit du seul moyen.*

Il y a quelqu'un, quelque part, qui peut vous aider à réaliser vos rêves. Même si vous avez une idée et que vous trouvez l'argent et le temps nécessaires à sa réalisation, vous ne pouvez bâtir une entreprise prospère sans assistance. John D. Rockefeller l'a dit il y a quelques années: « J'ai tout simplement embauché des hommes plus brillants que moi. »

Trouvez et embauchez des hommes plus brillants que vous.

Une grande idée est le point de départ de toute entreprise, mais requiert pour sa réalisation, le concours et l'assistance de toute une équipe de personnes douées.

Les grandes idées attirent les grands hommes.

Cela signifie que vous devez accepter de travailler avec les autres. Si vous n'acceptez pas qu'il en soit ainsi vous passerez votre vie à limiter votre niveau de réussite. Nul n'est une île. Même Jésus-Christ l'a dit: « Je ne puis rien par moi-même. » Que votre travail consiste à construire une maison, un mariage, une carrière ou un empire financier, votre succès sera plus grand si vous apprenez à travailler en équipe.

Comment attirer l'aide nécessaire

Un jour j'entendis un industriel peu prospère et axé sur l'impossibilité, dire d'une compagnie rivale: « Cette compagnie doit sa réussite à la chance. Elle s'est adjointe une équipe composée de tous les meilleurs hommes. Pas étonnant qu'elle ait du succès. » Lorsqu'il eût prononcé ces paroles, j'eus envie de lui demander: « Pourquoi à votre avis certains de ces hommes ne font pas partie de votre équipe? » Pourquoi à votre avis certaines compagnies ont-elles le pouvoir d'attirer à elles les meilleurs hommes qui soient dans un domaine donné? Croyez-vous vraiment qu'il s'agisse de chance?

Ceux qui axent leur pensée sur la possibilité, ont l'audace de croire que les plus grands, les meilleurs hommes au monde seront attirés par leur cause. Essayez d'obtenir le concours du meilleur homme au monde, et il vous accordera son aide. Comment attirer ceux dont vous avez besoin? Nous vous répondons: De la façon suivante:

1. SOYEZ PRÊT À PAYER POUR L'AIDE DONT VOUS AVEZ BESOIN. Méfiez-vous de ce piège négatif que constitue l'argent.

Vous n'avez probablement pas les moyens de ne pas dépenser l'argent nécessaire à l'embauche de celui qui peut vous aider.

J'ai vu des mariages échouer parce que le mari et la femme ont évité de consulter un conseiller matrimonial, croyant qu'ils n'avaient pas les moyens de le faire. Au bout du compte, ils durent consacrer beaucoup plus d'argent, d'émotion, de temps et d'énergie à un divorce.

J'ai vu des gens d'affaires qui croyaient ne pas avoir les moyens nécessaires à une expansion de leur entreprise et qui ont été dépassés par un concurrent plus agressif qui n'a pas craint l'expansion.

Je connais un manufacturier qui croyait ne pas avoir les moyens d'embaucher plus de représentants. Pas étonnant que la compagnie en ait souffert. Les représentants sont la force d'une industrie.

Je connais un administrateur qui a vu une occasion se présenter, mais qui n'a pas embauché le personnel nécessaire à la poursuite de cette opportunité. Il croyait qu'il aurait du mal à s'entendre avec les nouveaux employés. Aujourd'hui, sa carrière est une demi-réussite.

N'hésitez pas à payer largement les meilleurs employés. Ils valent généralement plus que ce qu'ils gagnent. Cela ne coûte pas beaucoup plus d'embaucher les meilleurs employés, mais ça *rapporte* beaucoup plus.

POURQUOI ACCEPTER L'ÉCHEC ET LA DÉFAITE ALORS QUE VOUS POURRIEZ EMBAUCHER DU PERSONNEL QUI VOUS AIDERAIT À RÉUSSIR?

2. SOYEZ UN BÂTISSEUR D'ÉQUIPE, ET NON UN FONDATEUR D'EMPIRE. De nos jours, les cadres supérieurs ont davantage à cœur l'image de la compagnie que leur image per-

sonnelle. Le cadre supérieur moyen de l'industrie américaine est inconnu. Il réussit mais nul ne connaît son nom. Ce n'était pas le cas il y a un siècle. Les hommes prospères d'aujourd'hui ne sont pas des bâtisseurs d'empires. Les magnats attirent rarement ou ne gardent pas longtemps les hommes qui bâtiront une fondation solide à leur empire. Le cadre supérieur moderne se considère comme le quart-arrière d'une équipe gagnante, et non comme le roi d'un vaste empire qui exploite, pour sa gloire, sa fierté et sa fortune, les talents et les capacités de ses associés. Les gens qui réussissent sont des gens qui ont les «complexe de l'équipe», et non le «complexe de la star». Les penseurs axés sur la possibilité sont des bâtisseurs d'équipes, et non des fondateurs d'empires.

3. OUBLIEZ LA QUESTION DU STATUT SOCIAL, DU MÉRITE ET DE LA GLOIRE. Les cadres à la recherche d'un statut social, du mérite ou de la gloire suscitent une jalousie inimaginable. Plutôt que d'encourager leurs associés à produire vraiment, ils suscitent des émotions négatives qui contribuent à une terrible baisse de production. J'ai découvert quelque part, il y a quelques années, l'une des phrases les plus utiles que j'aie jamais lues.

> *Dieu peut faire de grandes choses à travers celui qui ne recherche pas le mérite.*

Le penseur axé sur la possibilité qui est sage et qui réussit est heureux de constater les progrès de ses associés. Il ne se permet jamais de considérer ses associés comme des menaces à son prestige. Il sait que cette pensée serait le début de son propre échec. Vous pouvez vous entourer de spécialistes compétents si vous établissez une politique de partage du mérite. Un officier de la marine m'a dit un jour: «Nous, les officiers de la marine, avons un slogan: PRENDS BIEN SOIN DE TES GARS ET TES GARS PRENDRONT BIEN SOIN DE TOI.»

4. PROMETTEZ-LEUR UN DÉFI UNIQUE ET EXEMPLAIRE. Promettez-leur qu'ils pourront participer à la création de quelque chose de plus grand et de mieux que tout ce qui a été fait auparavant. Lorsque Arthur Rubinstein, le réputé pianiste de concert, se rendit à New York, quelqu'un l'invita à se rendre à une église. Il répondit à l'invitation en disant: «Conduisez-moi dans une église où on me mettra au défi de tenter l'impossible.» Les grands réalisateurs sont attirés par les grands défis.

5. DONNEZ À VOS COÉQUIPIERS UNE GRANDE LIBERTÉ. Les grands réalisateurs sont attirés par les grands défis et la promesse d'une grande liberté. Promettez-leur qu'ils auront la liberté de planifier, de rêver, d'imaginer. Une grande liberté génère un maximum d'énergie et entraîne un dévouement incroyable. Le penseur créatif ne laisse jamais libre cours à son imagination s'il sait qu'il devra vendre son idée à plusieurs échelons d'autorité au-dessus de lui. Rien ne tue plus rapidement la pensée créatrice que l'anxiété subconsciente de voir ses idées rejetées par des patrons ou des comités à un niveau supérieur. Il est vrai que certains des plus grands cerveaux et certains des personnes les plus talentueuses au pays travaillent actuellement dans des endroits où leur liberté de manœuvre est restreinte, et quitteraient rapidement leur emploi si on leur promettait un climat de travail de grande confiance et de grande liberté.

6. AGISSEZ DE FAÇON À CONSERVER TOUT BON EMPLOYÉ FAISANT DÉJÀ PARTIE DE L'ÉQUIPE. Un ami homme d'affaires me disait récemment: «Mon directeur est avec moi depuis dix-sept ans et son second, depuis seize ans.»

«Eh bien je te félicite, lui dis-je. Et comment as-tu fait pour les garder aussi longtemps?»

Ce à quoi il répondit: «J'ai observé il y a plusieurs années qu'il était très coûteux pour une compagnie de perdre un homme et de le remplacer; par conséquent, je ne pense même pas à les perdre ou à les laisser partir. Je fais l'impossible pour qu'ils soient heureux. Je suis prêt à faire beaucoup de concessions parce que je sais qu'ainsi je m'épargne les coûts des renvois, de l'embauche et de la formation de nouveaux employés à tous les deux ou trois ans. Et c'est ce qui fait la supériorité de mon entreprise dans son domaine.»

«Mais que faites-vous lorsqu'ils ont des problèmes?» demandai-je.

«Je travaille avec eux.» répondit-il. J'essaie de les aider. Je pose des questions du genre: John, que puis-je faire pour t'aider? ou encore: John, j'ai remarqué que le travail n'était pas terminé. Je suis certain qu'il y a une bonne raison à cela. Que se passe-t-il. Je ne leur dis jamais quoi faire. Je ne leur donne jamais d'ordres. J'essaie de les inspirer. S'ils semblent toujours avoir des faiblesses, je les tolère patiemment, sachant que dans quelques semaines ou quelques mois nous en viendrons à bout sans discussions génératrices de tensions. Je me répète que tout nouvel employé aura aussi ses faiblesses. Je risque de remplacer tout bonnement un ensemble de faiblesses par un autre. Alors j'essaie de combler les points faibles de mon employé actuel. Si cela ne suffit pas, je règle le problème en apportant des changements et en réorganisant les tâches. »

Quel merveilleux bâtisseur d'équipe que cet homme. Rien d'étonnant à ce que ce penseur axé sur la possibilité réussisse à ce point.

7. APPRENEZ À VIVRE AVEC LES GENS DIFFICILES; TIREZ-EN UN ENSEIGNEMENT ET ESSAYEZ DE TRAVAILLER AVEC EUX. Certains de ceux dont vous pouvez avoir besoin pour régler vos problèmes ou réaliser vos rêves peuvent être des individus qui ne sont pas faciles à vivre. Apprenez à apprécier de telles personnes et à travailler avec elles, même si, parfois, elles peuvent être désagréables. Ne désespérez pas. Elles peuvent parfois rendre la vie intéressante. Elles représentent souvent des défis emballants. Souvent, elle sont de la catégorie de ces personnes qui aiment discuter. Prenez garde que vos divergences ne deviennent des désaccords. Faites en sorte que les désaccords ne se transforment pas en violentes disputes.

Dix conseils pour empêcher qu'un désaccord se transforme en dispute

Permettez-moi de vous donner dix conseils qui vous aideront à faire en sorte qu'un désaccord ne dégénère pas en une dispute qui risque d'entraîner la ruine de votre mariage, de votre entreprise, de votre association ou de votre rêve.

1. ACCEPTEZ LE DÉSACCORD. Souvenez-vous du slogan: « Lorsque deux associés s'entendent toujours, l'un d'entre eux est inutile. » S'il y a un élément auquel vous n'avez pas pensé, soyez heureux qu'on le porte à votre attention.

Peut-être ce désaccord vous offre-t-il une chance de vous corriger alors que vous êtes sur le point de commettre une erreur sérieuse. Il s'agit peut-être d'une occasion de faire la preuve de votre maturité émotionnelle auprès de vos coéquipiers.

Dans un autobus de Chicago, un passager grognon descendit finalement après avoir tenu des propos très grossiers à l'endroit du chauffeur. Pendant qu'il descendait, une voix s'écria : « Un instant, vous avez laissé quelque chose derrière vous. »

« Qu'est-ce que c'est ? » demanda l'individu.

« Une très mauvaise impression », lui répondit une vieille dame.

Au contraire, un désaccord représente peut-être une occasion de laisser derrière vous une excellente impression.

2. NE VOUS FIEZ PAS À VOTRE PREMIÈRE IMPRESSION. Notre première réaction naturelle, lorsqu'une situation de désaccord se présente, est d'être sur la défensive. Faites attention. Restez calme et méfiez-vous de votre première réaction. Peut-être n'est-elle pas digne de vous.

3. GARDEZ VOTRE SANG-FROID. Un ami qui entretient d'excellentes relations avec son personnel a une affiche placée à la vue de tous ses employés, sur laquelle on peut lire : *L'envergure d'un homme se mesure à l'importance de l'objet de sa colère.*

4. DONNEZ À VOTRE ADVERSAIRE LA CHANCE DE PARLER. Laissez-le terminer. ÉCOUTER. Évitez de résister, de vous défendre ou d'entrer dans un débat. Cela ne sert qu'à ériger des barrières. Essayez de favoriser la compréhension.

N'érigez pas de barrières d'incompréhension encore plus hautes. Les interruptions continuelles agiteront davantage une personne déjà nerveuse. Cela risque de mettre davantage sur la défensive un individu insécure et de le rendre encore plus dangereux. Discutez, et il imaginera encore plus de raisons pour se justifier. Bornez-vous à écouter poliment.

5. VOYEZ LES POINTS SUR LESQUELS VOUS ÊTES D'ACCORD. Après avoir bien écouté votre adversaire, attachez-vous à relever de son discours les points et les éléments avec lesquels vous êtes d'accord.

6. SOYEZ HONNÊTE. Reconnaissez les points sur lesquels vous vous êtes trompé. Excusez-vous de vos erreurs. Cela contribuera à désarmer votre adversaire et à le faire abandonner son attitude défensive.

7. PROMETTEZ DE RÉFLÉCHIR ET D'ÉTUDIER À FOND LES IDÉES DE VOTRE ADVERSAIRE. Je suis sérieux. L'adversaire est peut-être celui des deux qui a raison. Il est beaucoup plus facile, à ce stade, d'accepter d'examiner les idées de ce dernier que de passer à autre chose et d'ensuite vous retrouver dans une situation où il pourra dire: « J'ai essayé de le lui dire, mais il ne m'a même pas écouté. »

8. REMERCIEZ-LE SINCÈREMENT POUR L'INTÉRÊT QU'IL PORTE AU TRAVAIL. Quiconque se donne la peine de vous exprimer son désaccord a les mêmes intérêts que vous. Considérez-le comme quelqu'un qui désire vraiment vous aider et alors il deviendra votre ami.

9. SI VOTRE ADVERSAIRE CROIT VRAIMENT À LA PRIÈRE, SUGGÉREZ-LUI DE PRIER AVEC VOUS. Demandez-lui de se joindre à vous et de prier pour obtenir l'aide et les conseils de

Dieu. Priez à voix haute si possible. Sinon, priez en silence.

10. ENSUITE, REMETTEZ LA DISCUSSION À PLUS TARD, AFIN DE VOUS DONNER À TOUS LES DEUX LE TEMPS DE RÉFLÉCHIR AU PROBLÈME. Suggérez de fixer un rendez-vous à un moment ultérieur de la journée ou le lendemain, alors que tous les faits pourront être mis en lumière.

En préparant cette rencontre, *posez-vous quelques questions difficiles*.

Mon adversaire pourrait-il avoir raison? Partiellement raison? Y a-t-il du vrai ou du mérite dans sa position ou ses arguments? Ma réaction pourra-t-elle régler le problème ou simplement me débarrasser de mes frustrations? Risque-t-elle de l'éloigner ou de le rapprocher de moi? Augmentera-t-elle l'estime que les gens valeurex ont de moi? Vais-je gagner ou perdre? Quel prix devrais-je payer si je gagne? Si j'oublie tout ça, est-ce que ça prendra des proportions plus importantes? Cette situation difficile représente-t-elle une opportunité pour moi?

Préparez-vous *à poser des questions à votre adversaire*.

Des questions désarmantes: Crois-tu que je puisse t'aider à résoudre ce problème?

Des questions accommodantes: J'aimerais t'aider. Pourquoi n'essayons-nous pas de résoudre ce problème ensemble?

Des questions génératrices de patience: Pourquoi ne prenons-nous pas un peu plus de temps pour y réfléchir?

Des questions qui indiquent la compréhension: Je suis certain que tu as plusieurs bonnes raisons pour penser ainsi. Mais étant donné que je ne vois pas cela du même œil, pourquoi ne me confies-tu pas tes raisons?

Des questions révélatrices de la vérité: Tu sembles mieux informé que moi. Où et quand as-tu obtenu cette information?

Des questions qui suscitent la tolérance: Je peux imaginer une autre solution à cela. Puis-je te faire part de mes idées sur ce sujet?

Des questions pouvant révéler les faiblesses et les désavantages de votre adversaire: Crois-tu que nous pouvons courir certains dangers si nous suivons ta suggestion?

Des questions permettant à votre adversaire de se mettre à votre place: Que ferais-tu si tu étais à ma place?

Des questions qui établissent une atmosphère de compromis et de négociation: Quels sont, à ton avis, les choix qui s'offrent? Pouvons-nous demander l'opinion d'un tiers?

Des questions permettant de gagner du temps: Si ce que tu dis est exact, nous devrons prendre le temps de réexaminer notre politique (notre attitude ou notre position). Laisse-moi étudier tes suggestions afin que nous puissions nous rencontrer bientôt pour explorer diverses solutions.

N'oubliez jamais que plusieurs de ces gens qui semblent s'opposer à vous et vous causent des ennuis peuvent devenir des aides précieuses. Il est important de faire preuve de patience dans vos rapports avec eux.

La patience est un outil inestimable qui permet de faire face aux individus problèmes; elle est aussi extrêmement utile dans ces occasions où il faut surmonter des obstacles qui semblent infranchissables.

Il est étonnant de voir à quel point le temps peut faire des miracles.

11

La patience est la clé

Lorsque l'on ne se soucie pas du temps, il devient possible de réaliser ce qui semble impossible au départ. Aujourd'hui, notre monde en est un d'hommes impatients. Nous sommes à l'ère de l'instantané. La recherche de résultats immédiats peut être une puissante source de motivation, mais nous devons apprendre que les montagnes ne se déplacent pas du jour au lendemain.

Madame Curie a effectué environ quatre cents expériences infructueuses avant de réussir. Les extraordinaires temples de Baalbek ont été construits en deux cents ans. Plusieurs des magnifiques cathédrales d'Europe ont demandé des centaines d'années avant d'être terminées.

Lorsque vous vous attaquez à votre rêve, à votre problème ou lorsque vous priez, souvenez-vous que la patience est un facteur vital de réussite. Peut-être en constitue-t-elle la clé. Les ingénieurs militaires de l'armée américaine ont ce slogan :

Faisons immédiatement le plus difficile; l'impossible requiert un peu plus de temps.

L'un des plus exemplaires cas de patience que je connaisse est celui du docteur Wilhelm De Nejs, qui dirige les Services aux aveugles de Santa Ana, en Californie. Grâce au docteur De Nejs, des douzaines d'aveugles apprennent à se guider au moyen d'une canne blanche. Ils trouvent le courage de continuer à vivre, grâce à l'encouragement et à l'aide de mon ami, Wilhelm De Nejs.

« Peux-tu imaginer un électricien qui, devenu complètement aveugle, apprend à poursuivre son métier tout en demeurant concurrentiel par rapport aux voyants ? » me demanda un jour Wilhelm.

« Cela est-il possible ? » lui demandai-je.

« Tout est possible lorsque l'on a suffisamment de foi et de patience, » me répondit le docteur. Et c'est alors qu'il me raconta l'histoire de cet électricien aveugle qui se présenta au centre et apprit à faire du travail tel qu'installer des fils électriques dans des maisons en construction malgré son handicap. On lui apprit à différencier le fil blanc du fil noir en reconnaissant la manière dont les fils sont enroulés dans l'emballage d'expédition. À partir de cette indication, le travailleur regagna lentement et patiemment son assurance, et aujourd'hui il travaille aussi rapidement et efficacement qu'une personne qui voit.

Le docteur De Nejs a inspiré et encouragé des centaines d'aveugles. Lui-même est partiellement aveugle.

C'est au travers d'une expérience personnelle difficile qu'il apprit la valeur de la patience. Sa famille et lui vivaient en Indonésie, lorsque Sukarno prit le pouvoir. Et son père faisant partie de la famille dirigeante de Java, ils furent obligés de s'enfuir, certains des associés de

Sukarno étant déterminés à détruire tous ceux qui étaient de sang royal.

« Tu dois fuir avant qu'ils te tuent, lui dirent ses amis. Ta femme et toi pourrez traverser en canoë, la nuit, et vous rendre à Singapour. Vous ne pourrez rien emporter avec vous. Nous nous arrangerons cependant pour vous faire parvenir votre automobile. »

Une fois arrivé sans encombre à Singapour, Wilhelm projeta se rendre en Hollande, où étudiaient ses cinq enfants. Comment allait-il faire ? Il ne possédait que sa petite voiture et un peu d'argent.

Un jour qu'il prononçait, devant des invités du Rotary Club local, un discours sur la situation en Indonésie, il confia ses projets à son auditoire. « J'ai décidé de me rendre en Hollande en voiture. Je conduirai ma Tempo Matador et compte travailler, tout en voyageant, pour gagner de quoi payer la nourriture et l'essence. De Hollande, j'espère pouvoir traverser aux États-Unis. J'y apprendrai les nouvelles méthodes d'aide aux gens qui sont presque aveugles comme moi. Je veux aider les gens à s'aider. »

L'auditoire fut très ému par ce témoignage. Après la conférence, un auditeur vint lui serrer la main chaleureusement et lui dit : « Je suis un cadre supérieur de la compagnie pétrolière Shell. J'admire votre courage. » Tout en parlant, il tira de sa poche une carte jaune et la tendit au docteur De Nejs. « C'est une carte de crédit. Elle vous servira à vous procurer toute l'essence et l'huile dont vous aurez besoin pour vous rendre en Hollande. Je me charge de la facture. Toutefois, je tiens à préciser que la route régulière se termine à cent kilomètres d'ici et que peut-être votre voyage ne me coûtera pas très cher.»

Quelques jours plus tard, les De Nejs quittaient Singapour en direction du nord, leur voiture chargée de tout ce qu'ils pouvaient emporter. Mais peu après leur départ madame De Nejs s'exclama à l'intention de son mari: «Regarde, Wilhelm. Il n'y a plus de route. Ton ami avait raison.»

«Les endroits dégagés nous serviront de route, lui répondit alors son mari à demi-aveugle. Nous avons tout le temps. Allons-y.»

Sur ce, ils se mirent à rouler dans les champs; bientôt cependant l'auto s'embourba dans le sol humide.

«Que faisons-nous maintenant?» demanda sa femme, au docteur De Nejs. Avant qu'il eût pu répondre, un groupe d'indigènes curieux venus des collines environnantes et attirés par l'étrange bruit que faisaient les roues de l'automobile dans la boue, les encercla.

«Nous allons en Hollande,» leur cria Wilhelm, qui pointait vaguement en direction de ce pays et cherchait à indiquer aux visiteurs la nature de leurs ennuis.

Les indigènes poussèrent et tirèrent la voiture, puis la sortirent de la boue et l'amenèrent jusqu'à une piste d'éléphants, assez large pour le petit véhicule. De là, suivant les pistes d'éléphants, puis les petites routes lorsqu'ils en trouvaient, les De Nejs longèrent lentement la péninsule de la Malaisie. À plusieurs reprises des rivières sans ponts ralentirent leur voyage. Lorsqu'ils jugeaient l'eau peu profonde, ils passaient la rivière en auto. Mais lorsqu'ils la jugeaient trop profonde, il leur fallait enlever le moteur, le mettre sur le toit de la voiture et pousser cette dernière jusque de l'autre côté. Parfois les indigènes, attirés par ces deux braves étrangers luttant contre la jungle, les aidaient à construire un radeau leur permettant de faire traverser l'auto.

De cette façon ils poursuivirent leur route, en direction de la célèbre Stilwell Road, sur laquelle il serait plus facile de rouler. Mais arrivés sur la route, ils s'aperçurent toutefois que celle-ci était peu passante et que les éboulis et la végétation l'avaient rendue non carossable. Ils firent ce qu'ils purent, enlevant les débris et les broussailles, et poursuivant leur route bravement. Ils atteignirent finalement la frontière du Pakistan et parcoururent patiemment le Pakistan oriental, puis l'Inde. Ils franchirent le passage de Khyber, pour arriver en Afghanistan, où la température atteignait, la nuit, le point de congélation.

« Il faudra vider le radiateur la nuit et attendre le dégel de l'eau le matin, » expliqua Wilhelm. Ce qu'ils firent de nombreuses fois.

Après avoir franchi l'Iran et l'Irak, ils atteignirent la frontière de la Syrie. Là, les douaniers décidèrent que les papiers des De Nejs n'étaient pas conformes aux exigences syriennes et leur refusèrent l'accès au pays. C'était un coup dur. Était-ce la fin de leur voyage ?

Nos deux voyageurs déterminés s'assirent dans leur voiture et prièrent en silence. Un étranger, mis au courant de leur problème, leur dit : « Attendez près d'ici. Demain ou après demain, il y aura une tempête de sable. Vous pourrez alors traverser la frontière. Personne ne vous verra. Et même s'ils vous voient, les douaniers, ne vous poursuivront pas. Ils ne risqueront pas leur vie; ces tempêtes de sable peuvent tuer un chameau.»

Les De Nejs attendirent alors patiemment dans leur petite voiture. Les jours passaient sans que rien ne se produise. Puis un beau matin, le vent balaya un peu de sable sur la route; cela commença doucement mais gagna en intensité, jusqu'à ce que la tempête fasse rage. Les douaniers se retirèrent à l'intérieur.

Je ne pouvais voir le poste de douane, nous dit De Nejs. Je ne voyais même pas à trois mètres devant moi. Je mis simplement le contact et me dirigeai droit sur la Syrie. Personne ne nous arrêta. Personne ne se souciait de nous. Je roulai jusqu'à ce que je sois à plusieurs milles à l'intérieur du pays. Ma femme et moi étions convaincus qu'il valait mieux attendre d'être en sécurité pour nous arrêter et nous protéger de la tempête.

À un moment, celle-ci me demanda: «Où est la route, Wilhelm?»

«Il n'y en a plus. Le sable l'a recouverte.» lui répondis-je.

La suite de l'histoire est la suivante:

Les De Nejs, perdus dans l'immensité du désert, seuls dans la tempête meurtrière, décidèrent de se guider en suivant la trace de ces chameaux morts dont ils voyaient les ossements sur un vestige de route couverte de sable. J'ai vu les remarquables photographies de Wilhelm montrant les ossements de chameaux recouverts de nombreux vautours.

Pendant leur traversée du désert, les De Nejs manquèrent d'eau. Il y eut quatorze jours, où ils durent se priver presque complètement, ne se permettant que quelques gorgées ici et là pour ne pas épuiser leurs réserves. Lorsqu'ils atteignirent finalement une oasis, De Nejs s'accroupit au-dessus de l'eau pour se laver la figure et découvrit que celle-ci était impropre à la consommation. Alors il retira l'eau souillée mais potable du radiateur et s'en abreuva avec sa femme. Quant au radiateur, il le remplit de l'eau croupie de l'oasis.

La traversée du désert terminé, ils arrivèrent en Turquie. Ils traversèrent le Bosphore pour passer en Bulgarie, puis en Yougoslavie. C'est là qu'ils eurent leur unique accident. Roulant sur un chemin étroit, De Nejs perdit le contrôle de la voiture, qui se renversa dans un fossé. «Aucune blessure, dit-il en riant. Juste une voiture endommagée.»

Sept jours plus tard, les réparations effectuées, ils reprirent la route. Les portières se fermaient à l'aide de fil électrique, le moteur toussait et avait des ratés. Ils atteignirent enfin les Alpes autrichiennes. Ils les franchirent dans le but d'apercevoir les merveilleuses vallées verdoyantes de l'Allemagne. Puis ils s'arrêtèrent dans une petite ville où se trouvait l'usine de voiture Tempo Matador, où avait été fabriquée, trois ans auparavant, leur voiture maintenant à moitié démolie. Le directeur de l'usine fut tellement impressionné par le récit des De Nejs et les photos qu'ils avaient prises en route, qu'il fit réparer la voiture gratuitement. Ils arrivèrent donc, roulant confortablement, en Hollande, où leurs enfants les accueillirent.

Ils avaient réussi. Après six mois, trente-deux mille kilomètres, la traversé des déserts, des jungles, de douzaine de rivières sans ponts, ils avaient finalement atteint leur destination.

Qu'est-ce qui leur avait donné la force d'avancer, kilomètre après kilomètre, mois après mois, m'enquis-je lorsqu'ils me racontèrent leur histoire.

« Nous avions foi en notre Seigneur, déclara De Nejs, le visage radieux. Nous croyions profondément qu'avec la patience et la foi, rien n'était impossible. »

Nous devons découvrir d'une façon ou d'une autre que le temps peut nous être profitable. Et à mesure que passeront les mois et les années, nous trouverons la solution à des problèmes qui paraissent insurmontables.

J'ai été à la fois amusé et inspiré par l'histoire suivante :

Un homme déclara : « J'ai assez faim pour manger un éléphant. »

Un deuxième homme lui demanda : « Comment pourrais-tu manger un éléphant ? »

Et le premier homme lui répondit, confiant : « Une bouchée à la fois ! » Un vieux slogan révèle la même vérité de manière plus succincte :

Pouce par pouce, tout est facile à réaliser !

Ceux qui gagnent dans la vie sont des gens qui maîtrisent le pouvoir de la patience. Le Christ a dit : « Vous pouvez déplacer des montagnes. » Toutefois, il n'a pas spécifié combien de temps cela prendrait pour accomplir ce phénomène.

Une amie à moi avait plus de soixante-dix ans lorsqu'elle fit une crise cardiaque presque fatale. Elle avait peu de chances de s'en sortir. Grâce aux prières, elle recouvra cependant la santé. Mais le médecin lui annonça qu'il y avait peu d'espoir qu'elle vive plus que quelques mois. Son seul espoir était de perdre environ vingt-sept kilos qu'elle avait en trop. Cela semblait irréalisable. *Pourtant, ce n'est pas ainsi qu'elle raisonna.* Elle se dit : si je perds un demi-kilo par semaine, dans un an, j'aurai réussi. Elle planifia donc un régime avec son médecin. Elle releva son défi avec succès. Depuis ce jour, elle a déjà connu cinq merveilleuses années.

Un jeune homme perdit sa femme et sa famille à la suite d'un divorce. Il avait le cœur brisé lorsqu'il se présenta à notre bureau. Nous décidâmes alors de prier pour lui. « Si je pouvais au moins obtenir la garde de ma fille, disait avec anxiété ce merveilleux père. Mais tout le monde me dit qu'il est impossible pour un père d'obtenir la garde de sa fille dans nos cours de justice. » Rien n'est impossible, rappelai-je à mon grand ami. Il lui fallut deux ans, mais il obtint la garde permanente de sa merveilleuse fille. À chaque jour, ce père faisait la lessive, le repassage, le ménage et servait de père et de mère à cette adorable petite fille, travaillant la nuit pour gagner sa vie. Et en même temps, il enseignait à l'école du dimanche de son église. C'est alors que Dieu a mis dans sa vie un des plus beaux exemples de femmes chrétiennes que j'aie jamais vu. Elle était une merveilleuse veuve. Ils se sont mariés. Et elle fut une épouse et une mère inégalable pour cet homme et cette petite fille. Le nom de l'homme ? Norman Miner. Son travail ? Directeur du cinéma en plein air d'Orange pendant les cinq années où je prêchais à partir du toit du restaurant. « Révérend, je n'étais pas un chrétien pendant les deux premières années où vous avez prêché. Je me demandais à l'époque de quoi vous parliez. J'écoutais secrètement : Il y avait un haut-parleur supplémentaire dans mon bureau. Je ne remercierai jamais assez Dieu de m'avoir converti à la foi en Lui. Il m'a aidé à surmonter le plus grand problème auquel un homme peut faire face. »

Et tout, il fallut quatre années de prières à Norman Miner avant d'être exaucé. J'ai souvent pensé à la tragédie qui se serait produite si, à court de patience, il avait abandonné à cette époque difficile.

Il n'y a à peu près aucun problème que la patience ne peut résoudre.

Il n'y a à peu près aucun rêve que la patience ne peut réaliser.

Prenez l'exemple de ce jeune homme qui se disputa avec son père. Ils se bagarrèrent. Pendant des mois, ils ne s'adressèrent pas la parole. Le père allait travailler. Le fils allait à l'école. Puis il décida de laisser l'école et de s'enrôler dans l'armée. Il y avait une guerre outremer, de même que dans son cœur et à la maison. Le jour de son départ arriva. En sortant de chez lui, une valise à la main, il entendit du bruit derrière lui. Se retournant, il aperçut son père. Silencieux, l'homme à la taille imposante regardait son fils. Ses yeux d'homme d'un certain âge s'emplirent de larmes, et il courut embrasser son fils. Aucune parole ne fut prononcée. Puis le garçon partit faire son service militaire. Les vitres de l'autobus étaient embuées. Ou était-ce les larmes dans les yeux du jeune homme? Une chose est claire. Le jeune homme se disait : *Mon père m'a toujours aimé et je ne le savais pas.* Les années passèrent. Le soldat endurci revint à la maison. Quel travail pouvait faire un décrocheur? Il pouvait conduire un camion. Il aimait son nouveau travail. Pendant plusieurs années, il livra des tartes. Puis une inspiration lui vint. Le Christ entra dans sa vie. Et lorsque le Christ se manifeste, on pense grand. *J'aimerais aider les gens à régler les problèmes qui leur compliquent la vie*, pensa-t-il. *J'aimerais être psychologue. JE VAIS être psychologue.* Aujourd'hui, plusieurs années plus tard, cet homme, le docteur Mead, est un conseiller qui aide des centaines de gens à traverser leurs difficultés.

Traversez-vous présentement une période difficile? Ne prenez aucune décision négative, destructrice. Soyez patient. Sachez que le temps peut faire des miracles.

En vérité, la patience est l'une des clés du succès.

Vous devez être patient si vous voulez réussir à faire face à vos problèmes.

Vous devez être patient si vous voulez réussir à réaliser vos rêves.

Et vous devez être patient si vous espérez voir vos prières excaucées.

Ceux qui axent leur pensée sur la possibilité sont des gens qui en sont venus à croire profondément en un Dieu vivant qui écoute et exauce les prières.

Dieu exauce les prières de plusieurs façons:

1. Il nous donne exactement ce que nous demandons, sur-le-champ.

2. Il nous donne ce que nous demandons, mais des semaines, des mois et parfois des années après que nous ayons fait notre demande.
3. Il ne nous donne pas ce que nous avons demandé, mais ce que nous voulions vraiment, même si nous ne savions pas de quoi il s'agissait.
4. Il ne nous donne pas ce que nous avions demandé, ni ce que nous voulions vraiment, mais ce dont nous avons le plus besoin.

J'ai obtenu dans ma vie des réponses absolument miraculeuses à mes prières. Je vous ai déjà raconté comment mon projet d'une église intérieure-extérieure s'est réalisé. Lorsque je rêvais à la nouvelle église, je priais Dieu pour qu'il nous donne la chance d'acquérir un terrain qui m'apparaissait comme le site futur de notre église de rêve. C'était un merveilleux terrain recouvert de noyers. Pour moi, c'était l'endroit idéal, car le terrain était situé près du cœur de la ville de Garden Grove. Il n'était pas à vendre mais j'étais confiant que, si je priais, Dieu allait me le rendre disponible.

Un dimanche après-midi, alors que je me promenais seul parmi les dix acres de noyers, j'ouvris ma Bible à ce verset: Demandez et vous recevrez. Je me mis à prier (debout, car j'avais revêtu mon meilleur costume). Soudain, je me rendis compte que je me préoccupais plus de la poussière sur mon pantalon que de Dieu et de son aide. Reconnaissant mon tort, je m'agenouillai sur le sol, posai les doigt sur le verset de la Bible et priai. « Mon Dieu, faites que cet homme accepte de nous vendre sa propriété. » Je me relevai. Je m'en allai, confiant que nous allions pouvoir acquérir ce terrain. Eh bien ; il n'en fut pas ainsi.

Le propriétaire refusa absolument de nous vendre, malgré le fait que nous lui offrions 12 000 $ l'acre.

Quelques mois plus tard, nous achetions notre actuelle propriété qui nous fut vendue pour 6 600 $ l'acre seulement. Le seul défaut de cet emplacement pensâmes-nous à l'époque (un ami et moi) c'est qu'il n'est pas central, mais à l'est de Garden Grove. Puis les plans de l'autoroute furent divulgués et nous nous aperçumes que notre terrain de dix acres que nous pensions à l'autre bout du monde se trouverait au croisement de trois autoroutes. Nous nous retrouvâmes non pas au centre d'une ville de 100 000 habitants, mais à un croisement d'autoroutes, en plein centre d'un comté de plus d'un million d'habitants ! Dieu avait exaucé nos prières, non pas comme nous le voulions, mais d'une bien meilleure façon.

Je me suis alors souvenu que Dieu ne nous a jamais promis de nous donner exactement ce que nous demandions, au moment même où nous le Lui demandions. Quelqu'un a dit :

> *Les délais de Dieu ne sont pas les refus de Dieu.*

Comment pouvons-nous acquérir la patience nécessaire à la réussite ? En ayant confiance en Dieu qui nous guidera au bon endroit, au bon moment et de la bonne manière.

Le moment que Dieu choisit est le meilleur

Allons-nous trop vite, ou trop lentement ? Devons-nous nous presser... ou ralentir notre rythme ? Ne sont-ce pas là les questions que se posent tous les preneurs de décisions, le moment venu ? Car le choix du moment est de première importance dans tous les aspects de la vie. Si Dieu est votre associé, Il vous aidera à choisir le moment propice pour passer à l'action.

Dieu fera probablement en sorte, lorsqu'Il exaucera votre prière, d'exaucer du même coup vos autres prières. Dieu est grand, si grand que lorsqu'Il exauce une prière, Il en exauce plusieurs.

Voici mon témoignage. Voici ce qui m'est arrivé. Alors que je priais pour que notre rêve se réalise, plusieurs autres personnes, à d'autres endroits du globe, avec des rêves totalement différents, priaient aussi, de manière totalement différente.

À l'autre bout du monde, un jeune réfugié indonésien, Maurice Wiggers, priait pour avoir la possibilité de se rendre aux États-Unis, d'y trouver un emploi et d'y vivre dans la liberté. Ailleurs dans le monde, à Singapour, un grand missionnaire, Henry Poppen, proche de la retraite, priait pour qu'à son retour en Amérique une occasion se présente qui lui permettrait de continuer à servir Dieu.

Au Canada, un jeune immigrant hollandais, Peter DeGraaf, priait pour avoir la chance de se rendre aux États-Unis où il comptait fonder sa propre entreprise.

À un demi-continent de là, un jeune ministre, Harold Leestma, priait pour que de grandes occasions de convertir les gens à Jésus-Christ se manifestent au cours de sa vie.

Et à Holland, au Michigan, le révérend Kenneth Van Wyk, spécialisé dans l'étude de la jeunesse et les problèmes d'éducation, priait Dieu pour qu'Il le guide.

Pendant qu'Henry Poppen priait à Singapour, que Maurice Wiggers priait en Indonésie, que Peter DeGraaf priait au Canada, que Harold Leestma priait en Indiana et que Kenneth Van Wyk priait à Holland, au Michigan, je priais impatiemment à Garden Grove, en Californie. Pourquoi Dieu n'exauçait-il pas ma prière et ne nous permettait-il pas d'acheter le terrain de dix acres où nous pourrions réaliser notre grand rêve ?

Après toutes ces années, je m'aperçois que Dieu s'arrangeait pour exaucer bien d'autres prières en même temps que la mienne, d'un seul coup magistral ! Car aujourd'hui Maurice Wiggers a quitté l'Indonésie pour les États-Unis où il est concierge de la Garden Grove Community Church. Cette église est la réponse à sa prière. Le docteur Henry Poppen est devenu, à son retour en Amérique, notre ministre chargé des visiteurs. Cette église est la réponse à sa prière de Singapour. Kenneth Van Wyk est maintenant notre ministre de la jeunesse et de l'éducation. Cette église est une réponse à sa prière du Michigan. Harold Leestma est notre ministre de l'évangélisation. Cette église est une réponse à sa prière de l'Indiana. Peter De Graaf est le jardinier de notre église. Cette église est la réponse à sa prière du Canada. Dieu a fait en sorte d'exaucer simultanément de nombreuses prières. Soyez patient ; Dieu règle tous les problèmes. Au moment propice et de la manière appropriée, tout évolue merveilleusement.

N'essayez pas de presser Dieu. Les montagnes ne se déplacent pas du jour au lendemain. Donnez à Dieu le temps d'accomplir des miracles. J'ai vu Dieu dissiper les rancunes, résoudre les frustrations, remplir les cœurs solitaires d'un nouvel amour, et guérir les blessures comme une vague nouvelle efface, sur le sable, les traces laissées par les enfants. Dieu peut vous sortir de l'ornière, et vous conduire sur un nouveau chemin, vous faire franchir la montagne qui semblait infranchissable, si vous êtes patient. J'ai vu Dieu transformer de jeunes délinquants en grands hommes, des criminels en bons citoyens, des alcooliques en membres exemplaires d'une église.

Je vous raconterai maintenant l'histoire d'une femme merveilleuse qui était mariée à un alcoolique que nous appellerons pour les besoins de la cause Jim Smith. Celui-ci buvait depuis déjà quinze ans lorsque son épouse vint me trouver pour me demander de l'aide. En guise d'entrée en matière elle me dit : « Il est parti maintenant, révérend. Il est parti il y a une semaine. Je ne sais pas où il est. Mais je ne peux... je ne peux absolument pas supporter cela plus longtemps. »

« Prions, lui conseillai-je. Mon Dieu, où que Jim se trouve en ce moment, inspirez-le, venez en lui sous la forme d'une puissante idée rédemptrice. Sauvez-le. » C'était tout ce que je pouvais faire. Sans que nous le sachions, Jim se trouvait à ce moment-là dans un hôtel minable de Chicago. Quelque chose d'étrange se produisit en même temps que nous priions car il eut l'inspiration de m'écrire. Et voici ce qu'il écrivait dans cette lettre que je reçus dix jours plus tard :

Cher révérend,

Je suppose que vous trouvez bizarre de recevoir une lettre d'un homme troublé, qui se trouve aussi loin de chez vous; toutefois, le destin a fait en sorte que j'aie envie de parler un peu avec vous.

Je suis alcoolique. Mes crimes, sous l'influence de l'alcool, contreviennent pour le moins à bien des principes moraux; J'ai triché, volé, menti, et sauf le meurtre et le viol, j'ai commis tous les autres crimes.

Enfin, j'ai trouvé le Dieu, le vrai, celui qui peut pardonner mes actions les plus terribles.

Cela s'est produit de la manière suivante. Je me suis posé cette question: *Si un homme venait me voir et étalait le gâchis de sa vie devant moi afin que je le juge, pourrais-je, moi, Jim Smith, lui pardonner s'il était vraiment repentant?*

Oui, révérend, je le pourrais! C'est la réponse que j'ai trouvée à cette question. Alors la question suivante m'est venue. *Si je peux le faire, qui suis-je pour douter du pardon de Dieu?*

Mon complexe de culpabilité était si intense que j'avais complètement écarté Dieu et son pardon. Pour la première fois de ma vie, je me suis agenouillé et je Lui ai demandé de m'aider. Il n'y eut aucune lumière aveuglante, aucun coup de tonnerre et aucun «Oui, mon fils, tu es pardonné.»

Mais une étrange impression envahit tout mon être au moment où j'obtins ma réponse. Je pleurais dans l'obscurité.

J'avais été ivre pendant sept jours et sept nuits. Maintenant je n'ai pas bu depuis sept jours et sept nuits. J'ai téléphoné à ma femme. Elle m'a dit qu'elle vous avait parlé. Je n'ai aucune idée de ce que vous avez pu lui dire, mais je sais que cette grande force nous a réunis à nouveau. Et dans un jour ou deux, j'aurai gagné assez d'argent pour retourner auprès de ma femme et de mes trois fils.

Je vais travailler très fort pour regagner leur amour et leur confiance, car ça ne sera plus jamais pareil si je peux me mettre à genoux et demander à mon vrai père de me pardonner.

Respectueusement vôtre,

Jim Smith

Alors Dieu a accompli le miracle. Aujourd'hui je peux affirmer que Jim est merveilleusement changé.

Celui qui gagne à tout coup est celui qui n'oublie jamais qu'après la nuit arrive un jour nouveau, après l'hiver un autre printemps, après la tempête un soleil qui inonde la terre, après le péché, le pardon, après la défaite, une autre chance.

Il y a quelque temps, un homme d'affaires dynamique que je n'avais pas vu depuis plusieurs années est venu à mon bureau. «Quel plaisir de vous revoir! Comment allez-vous?» lui demandai-je.

«Très bien, merci, révérend, répondit-il avec une lueur dans les yeux. Il m'a fallu un peu de temps pour me remettre de mes problèmes, mais je suis retombé sur mes pieds.»

Intrigué, je lui demandai: «Que voulez-vous dire par problèmes?» Alors il me raconta son histoire. Un associé peu scrupuleux avait dilapidé les fonds de sa compagnie, aux prises avec des difficultés financières. Voici son histoire:

J'ai essayé de faire patienter les créanciers, leur promettant que, d'une manière ou d'une autre, je les rembourserais tous avec intérêts. Je les ai suppliés de m'accorder du temps. Tous m'ont fait confiance sauf un. Et ce seul créancier, méfiant et exigeant, m'a mis dans une situation où je n'avais d'autre choix que la faillite. L'expérience a été terriblement humiliante.

J'ai comparu en cour à Long Beach, en Californie, et en sortant de là, on ne m'a même pas permis de rapporter mon automobile à la maison! Elle était devenue propriété de la cour. Je n'ai jamais été aussi embarrassé de ma vie qu'à ma sortie de la cour, les mains vides, sans les clés de ma voiture. J'ai dû faire de l'auto-stop pour revenir à Garden Grove. J'étais sur la septième rue, à Long Beach, essayant de me faire ramener chez moi. J'espérais que personne de ma connaissance ne me verrait. Je me disais: *Que vais-je raconter si on me demande pourquoi je fais de l'auto-stop?* C'est alors qu'un camion s'est arrêté pour me faire monter. Le conducteur, qui s'était aperçu de mon découragement, essayait de me changer les idées. Mais j'ai bien peur de n'avoir pas été très enthousiaste. Je me sentais découragé et abattu.

Lorsque je suis arrivé à la maison, je me suis rendu compte que j'avais tout perdu. J'étais au milieu de la cinquantaine. Quel genre d'avenir s'offrait à moi? Il semblait assez sombre. Puis je me mis à prier Dieu, lui demandant de m'aider et de me rendre fort. Pendant que je priais, il me sembla entendre le son d'une cloche dans ma tête. Je me suis imaginé que j'étais un boxeur dans l'arène, étendu pendant un moment mais sauvé par la cloche. Bien sûr. Je n'avais perdu qu'un round! Ce n'était pas la fin du combat. Je devais me remettre sur mes genoux, ramper jusqu'à mon coin, me faire mette de l'eau sur le visage et quitter le coin de l'arène pour me battre à nouveau! Je n'étais pas fini à moins que je décide d'abandonner. Et je n'allais pas abandonner.

Je serais patient. Je garderais mon calme. J'attendrais, recherchant de nouvelles occasions. Elles allaient sûrement se présenter. Je n'étais pas fini. Pas encore!

Eh bien cette patience sauva un homme découragé du pessimisme fatal et lui redonna un optimisme à toute épreuve. Dans cet état d'esprit, il retrouva l'enthousiasme. Rien d'étonnant à ce qu'il se soit trouvé un autre emploi. Les gens dévoués et enthousiastes peuvent se trouver de l'emploi. Il s'arrangea pour épargner suffisamment d'argent pour retomber sur ses pieds. Il s'acheta bientôt une autre voiture et, comme je le découvris au fil de la conversation, on venait tout juste de lui offrir le poste de directeur général national d'une importante entreprise industrielle, au salaire de cinquante mille dollars par année. Il remboursa entièrement les dettes que la faillite avait également effacées.

Souvenez-vous que:

> *Vous n'êtes jamais battu, à moins de perdre votre patience.*

12

Lorsque vous croyez être fini, tenez bon !

LORSQUE NI L'ARGENT, NI LA MAIN-D'ŒUVRE, NI LE TEMPS NE SEMBLENT POUVOIR VENIR À BOUT DE VOTRE PROBLÈME, QUE RESTE-IL QUE VOUS PUISSIEZ FAIRE ?

Face à un avenir sombre, la personne axée sur l'impossibilité s'apitoie sur son sort, panique et abandonne. Parfois, elle a même recours à la bouteille ou aux pilules, comme solution à ses problèmes.

Mais celui qui axe sa pensée sur la possibilité s'arrange pour ne pas perdre espoir.

Un Juif qui, comme maints autres Juifs, tentait d'échapper à Hitler, connut un jour une période sombre. Ce qu'il advint de lui, nous n'en savons rien. Son nom, nous ne le connaissons pas. Toutefois, ce que nous savons, c'est qu'il avait la foi. Car on a trouvé, gravés dans le mur du sous-sol d'une maison, en Allemagne, ces mots courageux :

> Je crois au soleil, même lorsqu'il ne brille pas.
> Je crois en l'amour, même lorsque je ne le ressens pas.
> Je crois en Dieu, même lorsqu'Il est silencieux.

Lorsque la situation semble sans espoir, continuez à espérer. Lorsque tout semble impossible, refusez d'accepter la défaite.

J'ai appris cette leçon le soir où j'ai fui la tornade. J'étais revenu chez moi, en Iowa depuis une semaine seulement et venais de terminer ma première année d'université. Pendant tout l'après-midi, mon père et moi n'avions cessé d'entendre un étrange grondement provenant du ciel obscurci. C'était un bruit bizarre, semblable à celui de nombreux trains de marchandises roulant au-dessus des nuages. À un moment précis mon père dit qu'il croyait que nous allions avoir de la grêle. Il se faisait du souci pour ses roses. Dans une tentative désespérée de les protéger, il me demanda de l'aider à les recouvrir de seaux et de boîtes vides. À six heures, alors que nous venions de terminer à la hâte notre repas du soir, la tempête s'éleva. De l'avant de la maison, nous pouvions apercevoir à plus d'un kilomètre les terres qui s'étendaient devant nous. Le soleil avait maintenant disparu, avalé par la sombre et monstrueuse tempête qui recouvrait le ciel à l'ouest. Lentement, avec une alarmante immobilité, comme un tigre rampant vers sa proie endormie, celle-ci se rapprochait. Des bourrasques de vent chaud recouvraient la route de poussière. Le vieil arbre commençait à plier sous le vent de plus en plus fort. Dans la prairie, on entendait une vache beugler nerveusement, appelant son veau à se mettre à l'abri à ses côtés. Je pouvais apercevoir mon cheval, debout dans la verte prairie. Il semblait pressentir un danger imminent; Il était impressionnant à regarder, se tenant droit, la tête haute, le cou gracieusement arqué, la queue à peine soulevée et battant violemment dans le vent, l'oreille tendue, à l'écoute des dangers.

Soudain une boule noire, de la taille du soleil, se forma dans le ciel déjà noir. En un instant elle s'allongea en un long fuseau gris, prête à s'abbattre sur le sol. Pendant un bref moment, elle demeura suspendue comme un serpent sur le point de frapper des victimes sans défense se trouvant plus bas. Papa appela maman: «C'est une tornade, Jennie! Il faut agir rapidement.»

Tout excité, je demandai: «Es-tu certain que c'est une vraie tornade, papa?» Ma première réaction en fut une d'emballement et de joie. Ça me ferait quelque chose à raconter aux copains à mon retour à l'université de Hope, à l'automne. L'entonnoir semblait si petite que je ne pouvais imaginer la force d'un nuage aussi drôle.

Ce à quoi mon père répondit par un: «Appelle ta mère, et dis-lui d'attraper ce qu'elle peut et de se rendre à la voiture. Nous devons partir d'ici, immédiatement.»

Une minute plus tard, nous roulions à toute vitesse. Nous demeurions à l'extrémité est d'un chemin sans issue, et pour éviter la tornade, il nous fallait nous diriger vers le sud. Cela impliquait cependant que nous nous trouverions sur plus d'un kilomètre dans la trajectoire de la tornade, puisqu'il nous fallait d'abord atteindre la route du sud. À deux milles au sud, nous garâmes la voiture au sommet d'une colline et nous regardâmes la tornade qui y allait de son action dévastatrice. Puis aussi rapidement et tranquillement qu'elle était descendue, elle s'éleva et disparut. Tout était fini. La tempête était terminée. Il n'y avait plus de vent, et le danger était passé. De petites goutelettes de pluie s'étaient mises à tomber. Il y eut une averse de pluie froide, comme si le ciel mettait un baume sur des blessures vives.

Nous pouvions maintenant retourner chez nous. (Mon Dieu, retrouverions-nous notre maison?) Et lorsque nous arrivâmes à la croisée des chemins, plusieurs voitures s'y trouvaient. Des curieux, sentant que quelque chose de terrible s'était produit, se rassemblaient déjà. Ils regardaient une ferme voisine, entièrement détruite. Pour notre part, il nous tardait de savoir si notre ferme avait été épargnée et nous nous hâtames donc de parcourir le chemin qui y conduisait. Des fils électriques sectionnés jonchaient la route. Nous ne pouvions apercevoir du bas de la colline où nous nous trouvions, le toit de la grange qui habituellement surplombait cette dernière. Nous savions donc avant même d'avoir franchi la colline que notre grange n'était plus là. Arrivée au sommet, nous aperçûmes la scène immédiatement. Tout était parti. Là même où, une demi-heure auparavant, se trouvaient neuf bâtisses fraîchement peintes, il n'y avait plus rien. Là où il y avait eu de la vie, il n'y avait plus maintenant que le silence de la mort. Tout était parti. Tout était mort. Nous étions sidérés; nous avions le vertige. Il ne restait que les fondations blanches se détachant sur le sol noir. Il n'y avait aucun débris. Tout avait été aspiré et transporté ailleurs. Un cochon mort reposait dans l'entrée. Trois porcelets, encore vivants, s'abreuvaient aux mamelles de leur mère morte. Nous pouvions entendre les plaintes d'une vache mourante, le sifflement du gaz s'échappant d'un réservoir de butane destiné à l'alimentation de notre poêle. C'est alors que j'aperçus mon cheval, mort, un morceau de bois de quatre mètres de longueur lui transperçant le ventre.

Hébétés, nous n'eûmes même pas la force de sortir de la voiture. Mon père avait plus de soixante ans et il avait travaillé dur pendant vingt-six ans pour posséder cette ferme. L'hypothèque était due. Cela semblait mettre fin à toutes ses chances de sauver la ferme de ses créanciers. Je regardai mon père, assis sur la banquette avant, horrifié, mon père, les cheveux blanchis, amaigri par le travail, les mains bleuies désespérément agrippées au volant. Soudain ces mains calleuses avec de grosses veines en saillie commencèrent à heurter le volant de l'auto, et mon père cria: «Tout est parti! Jennie! Jennie, tout est parti! Vingt-six ans, Jennie, et tout est parti en dix minutes!» Mon père descendit de l'auto, nous ordonnant d'attendre. Nous le regardions parcourir avec sa canne la cour de la ferme qui avait été entièrement nettoyée par la tornade. Plus tard, nous sûmes que notre maison s'était écrasée, tout entière, dans un champ, à un demi-kilomètre. Nous avions, dans la cuisine, un petit bibelot de plâtre, sur lequel il était écrit: Regardez constamment vers Jésus. Mon père retrouva la moitié supérieure de ce bibelot et le rapporta à l'auto. Elle disait: Regardez constamment... Eh bien, c'était là le message de Dieu à mon père: Regardez constamment! Regardez constamment!

N'abandonnez pas maintenant. Ne jetez pas l'éponge. Travaillez et tenez bon. Et il le fit! Les gens croyaient que mon père était fini, mais ce n'était pas le cas. Il n'était pas fini parce qu'il refusait d'abandonner. Il avait une foi inébranlable! Il est un élément que doit comporter la foi capable de déplacer les montagnes, de faire des miracles, de résoudre les problèmes et de transformer les situations, et cet élément est la faculté de tenir bon. Alors mon père n'abandonna pas.

Deux semaines plus tard nous trouvâmes, dans un village des environs, une vieille maison que l'on démolissait. Il en restait une section, que l'on pouvait acquérir pour cinquante dollars. Alors nous décidâmes de l'acheter et de la démolir, pièce par pièce. Nous conservâmes chaque clou, chaque bardeau et les utilisèrent ensuite pour rebâtir une petite maison sur notre terrain. Et nous avons aussi reconstruit, l'un après l'autre, les autres bâtiments. Neuf fermes avaient été détruites dans cette tornade, et mon père fut le seul fermier à reconstruire une ferme entièrement détruite. Quelques années plus tard, la valeur des terrains augmenta considérablement. Les produits de la ferme se vendirent plus cher. En cinq ans, l'hypothèque fut remboursée. Mon père mourut après avoir réussi ! « Celui qui met la main à la charrue et qui regarde en arrière n'est pas digne du Royaume de Dieu. »

Quelqu'un a dit :

> *Les grands hommes sont des hommes ordinaires dotés d'une extraordinaire détermination.*

La plupart de ceux qui réussissent malgré des conditions qui semblent impossibles sont des gens qui ne savent tout simplement pas abandonner.

Lorsque des problèmes inattendus menacent vos rêves, que faire? Ne pensez jamais à ce que vous avez perdu. Si vous le faites, vous serez découragé, abattu. Ne pensez pas à ce que vous avez perdu mais à ce qu'il vous reste.

Dans le nord-est de l'Iowa habite Walter Greving, un jeune homme de belle apparence qui a subi une grave attaque de polio. Une fois guéri, il fit l'inventaire des dommages permanents qu'il avait subi. Les muscles de sa poitrine étaient paralysés. Il allait passer le reste de sa vie dans un poumon artificiel. Ses bras, ses jambes, ses mains et ses épaules étaient paralysés pour toujours. Mais il pouvait voir, réfléchir, entendre parler, et pouvait encore utiliser un seul de ses doigts.

Plutôt que de penser constamment à ce qu'il avait perdu, il se dit : *Que puis-je faire avec ce qu'il me reste ?* Il se demanda : *Que puis-je faire avec un seul doigt ?*

Je l'ai visité et il est un de ceux qui m'ont le plus inspiré dans ma vie. Il peut faire des choses incroyables avec un seul doigt. Avec un seul doigt il peut appuyer sur un bouton ! Un bouton peut allumer un magnétophone, lui permettant de dicter les lettres d'encouragement qu'il envoie partout dans le monde. Un magnétophone, une radio, un téléviseur, une chaîne stéréo, un tourne-page pour qu'il puisse lire, autant d'appareils électriques dont il peut se servir avec une seule pression du doigt !

« Je n'ai jamais été plus heureux avant ma maladie que je ne le suis aujourd'hui. Je n'avais pas vraiment commencé à vivre avant d'entrer dans le poumon d'acier. J'ai appris à penser différemment », m'a-t-il dit lorsque je lui ai rendu visite. Bien sûr, il axe sa pensée sur la possibilité. Je n'ai jamais vu de ma vie un homme plus heureux. Il répand la joie, chasse la tristesse, sème l'espoir et le bonheur avec une popularité inégalée à Sheldon, en Iowa.

Un de mes amis m'a raconté sa visite d'une léproserie au Japon. Plusieurs des patients, qui avaient déjà perdu la vue, apprenaient à lire en Braille. Un de ces aveugles lépreux essaya d'apprendre à lire en Braille, mais découvrit que la maladie avait rendu ses doigts si insensibles qu'il était incapable de sentir les points. Abandonner? Bien sûr que non. Il essaya de se servir de ses orteils ! Mais là aussi, il était insensible. Que lui restait-il ? Rien ? Quelque chose ? Bien sûr ! Il se souvint qu'il lui restait une partie sensible de son corps qui pourrait lui servir. Il essaya. Avec succès ! Aujourd'hui, il lit la Bible en Braille. Comment ? Avec sa langue !

Le révérend Martin Neimoller a survécu à trois années d'horreurs à Dachau : l'odeur de la chair humaine brûlée et la vue d'hommes à demi-morts. Pendant trois ans ce pasteur allemand qui avait osé défier Adolf Hitler a été gardé en isolation dans le pire camp de concentration au monde.

« Comment avez-vous pu supporter cela sans perdre la raison ? » lui demanda un journaliste lors d'une émission de radio, à Chicago.

« *Un homme ne réalise tout ce qu'il peut supporter que lorsqu'il est mis à l'épreuve*, répondit Neimoller, confiant, et il poursuivit : Vous pouvez supporter beaucoup plus que vous ne le croyez. Vous êtes beaucoup plus fort que vous ne le croyez... *si Dieu fait partie de votre vie.* »

William James a été le premier homme à nous dire qu'il existe plusieurs degrés de fatigue. Surmontez le premier degré et soudain, comme le coureur épuisé qui trouve un second souffle, les émotions sont ravivées par une nouvelle et étonnante source de pouvoir, plus forte et plus dynamique que la première. Lorsque vous avez l'impression d'être fini, tenez bon!

A.J. Cronin a décrit le point tournant de sa carrière dans un article du *Reader's Digest*. Il avait réussi comme médecin, lorsqu'une maladie grave le força à prendre un repos de six mois en Écosse. Là, une grande idée lui vint à l'esprit. *Juste ciel*, se dit-il, *voilà ma chance. Ulcère gastrique ou pas, je vais écrire un roman.* Il se rendit au magasin du village, acheta du papier et un crayon et s'assit pour écrire un roman. Pendant trois heures, il attendit l'inspiration. À l'heure du lunch, il décida que son idée était ridicule. Mais il se souvint du conseil d'un instituteur qui avait dit un jour: «Mettez-le sur papier. Si cela reste dans votre tête, il n'en sortira rien. Mettez-le sur papier.» Pendant trois mois, il travailla dur, écrivit, corrigea, jusqu'à ce que, à mi-chemin du roman, un sentiment de futilité envahisse son esprit. *Pourquoi m'épuiser à cette tâche pour laquelle je n'ai aucun talent?* se demanda-t-il. *À quoi ça sert? Je devrais me reposer. Cela n'avait aucun sens*, conclut-il. *Personne ne l'aurait lu.* Il jeta le manuscrit à la poubelle et sortit sous la pluie.

Au bord de l'eau il rencontra le vieil Angus, le fermier, qui creusait patiemment dans le terrain marécageux qui bordait sa petite propriété. Cronin raconta à son ami qu'il avait jeté son livre. Il abandonnait. Il n'avait simplement pas le talent, la formation ou la touche nécessaire pour être écrivain. «Il est certain que c'est vous qui avez raison, docteur, et que j'ai tort, dit le vieil Angus. Mais mon père a travaillé ce terrain toute sa vie et je n'ai jamais eu de pré, mais pré ou pas, je ne peux m'empêcher de creuser. Car mon père savait et je sais qu'en creusant suffisamment, on peut faire un pré de ce terrain. » Une nouvelle estime de soi, une nouvelle détermination envahit l'âme du jeune médecin. Il retourna à sa poubelle, récupéra le manuscrit mouillé, il fit sécher au four et se remit au travail. Quelques semaines plus tard, il avait terminé sa tâche. Il posta le livre à un éditeur et n'y pensa plus. Ce roman était *Hatter's Castle*. On en fit une pièce de théâtre, on le traduisit en dix-neuf langues et les ventes atteignirent trois millions de copies.

Dieu seul sait combien de bons livres ont été brûlés, combien d'excellentes idées ont été jetées au panier, combien de projets, programmes ou mariages valables ont été détruits par leurs créateurs qui ont abandonné juste avant que le miracle se produise.

Il vient un temps, dans la vie de la plupart des gens, où il semble absolument fou de continuer. Lorsque tout le bon sens du monde semble vous dire: Abandonne, tu es fini. Jette l'éponge, sois prudent. C'est le moment de la décision ultime. Au moment où le vice-président, le trésorier et le secrétaire de mon église ont démissionné, moi aussi j'aurais pu abandonner. Je ne l'ai pas fait. J'ai trouvé la force de tenir bon dans des mots que j'avais appris plusieurs années auparavant de la bouche de mon grand-père.

C'était un immigrant hollandais, un des pionniers des plaines de l'Iowa. Sur cette terre peuplée par les Sioux, il a apporté une charrue pour cultiver la plaine vierge. Il était difficile de tracer un sillon droit alors que les terrains n'étaient pas délimités. Voici comment il s'y est pris.

Il gravit une colline et y planta un piquet, auquel il attacha un mouchoir rouge. Il descendit au bas de la colline et planta le bout acéré de la charrue dans la terre gazonnée, puis les yeux fixés sur le drapeau rouge agité par le vent, il fouetta son bœuf et lança un grand cri. C'est ainsi qu'il traça son premier sillon. « Gardez constamment les yeux braqués sur le drapeau, avait-il l'habitude de dire aux autres pionniers qui arrivaient. Une fois le sillon commencé, ne regardez pas en arrière. Peut-être glisserez-vous, trébucherez-vous ou serez-vous fatigué, peut-être même devrez-vous vous asseoir, mais quoi que vous fassiez, NE REGARDEZ PAS EN ARRIÈRE OU VOUS NE TRACEREZ PAS UN SILLON DROIT. »

Alors mon grand père aimait citer ce puissant verset de la Bible: « Celui qui a mis la main à la charrue et qui regarde en arrière n'est pas digne du Royaume de Dieu. » Ne regardez pas en arrière. N'acceptez pas l'échec. N'acceptez pas la défaite. Un homme d'affaires américain bien en vue a réussi puis échoué, réussi puis échoué à nouveau, et il est prospère à nouveau. Comment arrive-t-il à recommencer? La raison m'a été révélée par un de ses amis intimes qui disait: « Bill ne se rend pas compte lorsqu'il est fini. Alors il s'accroche lorsque tout indique qu'il devrait abandonner. Quelque chose semble toujours se produire lorsque, à moitié fini, il tient bon, et il s'en tire. »

Dans la ville de Sacred Heart, au Minnesota, il y a une magnifique pépinière où se succèdent des rangées d'arbres et de plantes extraordinaires qui sont expédiés partout dans le Midwest. L'heureux propriétaire de cette pépinière s'appelle Clarence Flagstad. Il a réussi parce qu'il a refusé d'accepter la défaite. C'était au début de la seconde guerre mondiale. Avec son père et son frère, il travaillait à économiser suffisamment pour effectuer les remboursements sur l'hypothèque. Puis la guerre arriva.

Son frère fut enrôlé. Clarence et son père travaillèrent simplement davantage, espérant produire plus pour faire face aux coûts croissants des matériaux que la guerre entraînait. C'est alors qu'arriva la nouvelle tragique. Le fils aîné avait été tué. Il ne reviendrait jamais à la ferme du Minnesota. « Nous allons continuer, papa. C'est ce que mon frère aurait voulu que l'on fasse », dit Clarence. Et ils tinrent bon. Puis le père de Clarence mourut. Ce fut le coup le plus dur pour le jeune homme. Il était seul. Et la puissante institution financière de Chicago chargée des remboursements d'hypothèque faisait sur lui des pressions de plus en plus fortes. Enfin, l'avertissement final arriva. La lettre de Chicago était ferme et définitive: L'hypothèque allait être réclâmée en entier. Clarence pria. *Je ne peux perdre cette ferme. Que dirait-mon père? Que dirait mon frère? Je vais me rendre à Chicago et leur parler.* C'était une idée folle. Ils allaient saisir la propriété avant même qu'il parvienne à Chicago. De plus, il n'avait pas l'argent nécessaire à l'achat d'un ticket d'autobus. Mais il se souvint avoir vu des clochards voyager à bord des trains. Pourquoi pas? Tard ce soir là, il hissa sa maigre carcasse à bord d'un vieux wagon, juste avant que le train rempli de bétail ne quitte lentement la petite ville du Minnesota à destination de Chicago.

« J'ai beaucoup prié dans ce train rempli de bétail, dit-il. S'il vous plaît, mon Dieu, aidez-moi à trouver ces gens à mon arrivée à Chicago. » Il trouva le haut édifice à bureaux, la plus imposante structure qu'il avait vu de sa vie. « Je veux voir le président de la compagnie », dit-il avec insistance au secrétaire particulier. Il refusa de quitter les lieux, et le secrétaire appela le président de la compagnie, qui était un chrétien exemplaire. « Qu'il entre », dit le président. Clarence décrivit par la suite la rencontre: « Cet homme imposant a été d'une grande gentillesse envers moi. Il m'a dit: 'Clarence, nous ne voulons pas ta ferme. Nous ne voulons que le remboursement de notre argent et de l'intérêt. C'est notre travail. Maintenant, assoyons-nous et voyons ce que nous pouvons faire pour que cette ferme se paie.' » Et Clarence Flagstad retourna chez lui, non seulement avec un nouveau plan de refinancement qui tenait compte de ses besoins, mais convaincu que cela vaut la peine de tenir le coup lorsque tout indique que vous devez abandonner.

Peu de gens, dans l'Histoire des États-Unis, ont fait preuve de cet acharnement avec autant de force que Theodore Roosevelt. Alors que la Russie et le Japon ne pouvaient aplanir leurs différends, Teddy Roosevelt a réuni leurs représentants aux États-Unis et, comme l'a dit un Russe, « il s'est acharné, avec une volonté de fer, jusqu'à ce que nous soyons obligés de résoudre notre problème. » À peu près à la même époque, le Britannique John Morley visitait les États-Unis et retournait en Angleterre, pour déclarer: « J'ai vu deux extraordinaires forces de la nature alors que j'étais au nouveau monde: les chutes du Niagara et le président des États-Unis, Teddy Roosevelt. Et je ne sais pas vraiment lequel des deux était le plus merveilleux. »

Cela nous rappelle le commentaire de Winston Churchill à propos de l'un de ses grands généraux en Afrique du Nord. Churchill, décrivant le général, disait: « Il est un piquet de fer enfoncé dans un sol gelé: immuable. » Les champions sont des gens qui font preuve d'une grande ténacité.

Au moment où Abe Lincoln se demandait s'il allait briguer un poste au gouvernement, le compromis du Missouri fut tragiquement abrogé. C'était en 1854. Les maladresses de certains de nos présidents les moins compétents ont mené à l'abrogation de cette résolution antiesclavagiste. Désormais, le reste des états formés à partir de la Louisiane esclavagiste allaient faire partie des États-Unis d'Amérique, et l'esclavage serait encouragé et perpétué par le gouvernement! C'est à ce moment que Abe Lincoln afficha sa grande force morale: « Je sais qu'il y a un Dieu et qu'Il déteste l'injustice et l'esclavage. Je vois venir une tempête et je sais qu'Il en est l'instigateur. S'Il a une place pour moi, et je crois qu'Il en a une, je crois que je suis prêt. » Alors Lincoln mit la main à la charrue, et la tempête se produisit! Et Lincoln se retrouva président des États-Unis, certains états du Sud faisant sécession et d'autres menaçant de le faire. Il assistait à la destruction de sa nouvelle Union. Il y avait ceux qui disaient: « Laissons aller le Sud. Bon débarras. » Mais la réaction de monsieur Lincoln peut se résumer en ces mots puissants: « Sois ferme comme des chaînes d'acier. » Le résultat? LA GUERRE CIVILE! LE FEU! Mais aussi le salut de l'Union et le commencement de l'abolition de l'esclavage.

Dans le combat de la vie, c'est celui qui possède une foi tenace qui gagne.

« Je reviendrai, » a déclaré le général MacArthur lorsqu'on le chassa de Corregidor. Et il est revenu. Bien des fois dans ma vie, j'ai eu besoin de ténacité et je me suis rappelé la célèbre photographie de MacArthur, la chemise ouverte, le chapeau froissé, la pipe de maïs entre les dents, le menton proéminent, balançant les bras et marchant d'un pas énergique vers la plage pour reprendre l'île. Il revenait!

Vous connaissez présentement des moments difficiles? Peut-être êtes-vous sur le point de gagner. Souvenez-vous de ce que MacArthur a dit lorsque ses forces avaient des difficultés en Corée et étaient repoussées vers la mer.

Quelqu'un a demandé au général ce qu'il pensait de la situation désespérée et il a répondu d'une voix forte: « Je n'ai jamais été aussi confiant de la victoire que je le suis aujourd'hui. » Et il avait tellement raison. Le vent a soudainement tourné. Et il fonça vers la victoire.

Les grands hommes sont des gens ordinaires qui refusent tout simplement de désespérer. Et qu'est-ce que l'espoir? C'est

Tenir bon et prier avec confiance.

Des années après, les gens se rappellent leurs périodes difficiles et disent, comme l'a fait Churchill à propos des années de guerre à Londres, « C'étaient nos plus beaux moments. »

13

Comment la foi nous permet de déplacer des montagnes

Vous avez vu comment ceux qui axent leur pensée sur la possibilité réalisent leurs rêves, transforment leurs défaites en victoires personnelles, et font de leur vie une source d'inspiration pour ceux qui les entourent.

MAINTENANT, il n'en tient qu'à vous de transformer votre vie et votre avenir, car pour ce faire il vous suffit d'exercer votre foi en vous-même et de vous appliquer à déplacer des montagnes. La réussite personnelle appartient à ceux-là seuls qui croient.

VOUS POUVEZ ACCOMPLIR CE QUI SEMBLE PRÉSENTEMENT IMPOSSIBLE GRÂCE À L'APPLICATION DE LA MÉTHODE DES HUIT ÉTAPES DE LA FOI QUI DÉPLACE LES MONTAGNES.

« Si vous avez la foi d'un grain de sénevé, vous pouvez alors dire à une montagne : Déplace-toi ! Et elle se déplacera ! Et plus rien ensuite ne vous sera impossible ! »

Il est de nombreuses personnes qui malgré qu'elles prétendent avoir la foi ont peu de succès dans leurs entreprises. Nous connaissons tous des individus qui prétendent avoir une foi réelle mais qui ont peu ou pas de réalisations à leur actif. Et si l'on veut savoir pourquoi il en est ainsi, l'on doit admettre que l'échec est le résultat d'un manque de foi ou d'une foi de peu de profondeur.

Très souvent, je vais à la plage et vois des gens qui osent à peine tremper leur petit orteil dans l'océan. Et en dépit qu'ils ne se soient mouillés que les chevilles ou moins encore, ils osent affirmer de retour à la maison qu'ils se sont baignés. Il y en a d'autres qui, ayant eu de l'eau jusqu'à la taille, s'en sont retournés s'étendre sur le sable chaud en croyant avoir accompli un exploit.

Puis, il y a le véritable aventurier qui lui s'est enfoncé dans l'eau jusqu'aux épaules et s'est mis à nager. Il s'est rendu au niveau le plus profond et peut honnêtement proclamer qu'il s'est baigné.

La foi qui permet de déplacer les montagnes ne se limite pas à tremper le bout du pied dans l'eau. La foi qui permet de déplacer les montagnes est la foi de celui qui ose s'aventurer en eaux profondes.

Examinez maintenant les huit étapes que comporte l'exercice de la foi permettant de déplacer des montagnes

PREMIÈRE ÉTAPE: LE RÊVE. La première étape de l'exercice de la foi est la pratique du rêve. La foi qui permet de déplacer les montagnes trouve ses racines dans le rêve. Il ne fait aucun doute que le plus grand pouvoir au monde est celui d'une idée créatrice. Toute réussite commence par un rêve. Thomas S. Kelly fût l'un des plus prestigieux professeurs qu'ait produit l'Amérique. Le secret de sa vie exemplaire peut, selon Rupus Jones, être découvert par l'examen des paroles qu'il prononça dès sa première année à l'université: « Je vais faire de ma vie un miracle ! » disait-il. Quelqu'un a dit : « Il n'y a pas de grands hommes : Il n'y a que de grandes idées. » En effet, l'on peut souvent mesurer la valeur d'un homme à la valeur de ses rêves.

La foi commence par un acte d'imagination. Si vous n'avez pas de rêve, il est peu probable que vos rêves se réalisent ! Commencez donc dès maintenant à cultiver vos rêves et à utiliser ce pouvoir divin que vous possédez de façonner mentalement des images de ce que vous voudriez réaliser.

Rejetez toutes les pensées d'impossibilité, tous les concepts handicapés et tous les complexes désavantageux. Voyez-vous comme un ami des puissants, un associé des riches et un camarade de travail de Dieu. La foi commence par un rêve. Mais la foi doit atteindre les niveaux les plus profonds avant que le résultat ne devienne tangible.

DEUXIÈME ÉTAPE : LE DÉSIR. Pour accéder au deuxième niveau de l'exercice de la foi, il faut cultiver son désir à un point tel qu'un jour ou l'autre la chose que l'on désirait voir se réaliser se réalise. La foi se trouve plus souvent ébranlée par le manque de désir que par le doute réel.

Nul ne croira jamais qu'il peut déplacer une montagne s'il ne le veut réellement. Celui qui désire vraiment réussir peut accomplir presque n'importe quoi. L'adage suivant est tellement vrai qu'on ne peut que vous le présenter : À celui qui veut, rien n'est impossible.

Nous croyons ce que nous voulons croire !

Croire, c'est vouloir !

Appliquez cette définition de la foi à vos projets et à vos rêves. Pour commencer, vous devez savoir ce que vous voulez. Bien des gens échouent parce qu'ils ont négligé de visualiser en détail ce qu'ils essayaient d'accomplir. Si vous avez une image confuse et brouillée de ce que vous poursuivez, il est alors de fortes chances que vous échouiez. Donc, une des premières étapes dans l'exercice de la foi permettant de déplacer les montagnes consiste en la formation d'une image mentale détaillée de son rêve.

Au fur et à mesure que les plus petits détails de votre rêve se clarifieront dans votre esprit, vous verrez votre enthousiasme monter de plus en plus.

Si vous désirez suffisamment réaliser votre rêve, vous planifierez, organiserez, réorganiserez et travaillerez jusqu'à ce que vous obteniez ce que vous désirez. Un grand désir entraîne une grande détermination. Et la réussite sourit à celui qui ne dit jamais le mot jamais. Vous n'échouez vraiment que lorsque vous cessez de vouloir. La foi consiste à vouloir quelque chose de tout votre cœur !

Une fois que vous savez ce que vous voulez, vous devez censurer vos désirs. Les questions morales doivent être posées dès maintenant : « Cela est-il bien ? Dieu le désirerait-il ? Puis-je demander à Dieu de s'associer à moi dans cette entreprise ? » La foi développe de forts muscles lorsqu'elle obtient des réponses affirmatives à ces questions de première importance.

TROISIÈME ÉTAPE : L'AUDACE. Le doute est très souvent indicateur d'un manque de courage. La crainte d'être embarrassé, de même que la crainte de s'impliquer ou de se sacrifier, constituent les raisons majeures pour lesquelles les gens s'empêchent de consacrer leur foi à une idée, un rêve, un projet ou une cause. Avec Dieu à vos côtés, vous aurez l'audace de prendre des risques ! L'exercice de la foi qui permet de déplacer les montagnes ne se borne pas en l'exercice du rêve et du désir. Elle requiert de nous que nous osions risquer l'échec. Car la foi consiste à prendre une décision sans garantie de succès. Si le succès est assuré, l'entreprise n'est plus un acte de foi. La foi sans risque est une contradiction. La foi consiste à prendre un risque sans savoir au préalable que tout ira bien. Souvenez-vous que:

> *Chaque fois que vous faites un choix, vous prenez un risque*

Même l'indécision est une décision. Et même si vous décidez de ne rien faire, vous courez le risque de ne pas avoir entrepris ce qui aurait pu devenir un merveilleux miracle. N'oubliez pas : Les mots les plus tristes que l'on puisse prononcer ou écrire sont les suivants: *Cela aurait pu arriver.*

Si nous n'avions pas construit notre église intérieure-extérieure, j'aurais été hanté toute ma vie par la pensée que cela aurait pu être l'une des plus grandes réussites de ma vie. Je craignais davantage de laisser passer une occasion rare et d'une grande richesse que de commettre une erreur stupide et coûteuse.

La vérité est que de nombreuses personnes échouent, même lorsqu'elles ne s'en aperçoivent pas. Elles traversent la vie sans aucun échec apparent. Elles ne subissent jamais l'embarras que suscite l'échec car elles croient avoir réussi. Mais en fait, elles échouent parce qu'elles négligent de trouver et de développer une opportunité unique. Elles échouent mais ne le savent pas.

La foi consiste à avoir l'audace de risquer la déception. Ceux qui ont axé leur pensée sur la possibilité ont chassé de leur esprit la crainte de la déception personnelle! Combien de gens ne participent jamais à un concours, ne sont jamais en compétition, ne consacrent jamais leur vie à quelque chose qui comporte une idée de grandeur, par crainte de l'échec.

«Si vous n'essayez jamais, vous ne perdez jamais.» Lorsque j'ai vu sortir cette expression déprimante et erronée de la bouche d'un jeune homme intelligent, cela m'a vraiment fait de la peine! «Ce n'est tout simplement pas vrai,» lui répondis-je. «Tout ce que l'on a pas gagné, mais qu'on aurait pu gagner, est perdu.»

L'une des tragédies de la vie est que trop de gens se fixent sciemment des buts trop peu élevés afin de réduire la possibilité de la déception. De toute évidence, nos buts doivent être réalistes, mais suffisamment élevés pour que la réussite puisse être considérée comme miraculeuse. Il y a bien des gens qui prétendent avoir réussi parce qu'ils ont atteint leur but dans la vie. La vérité en fait est qu'ils ont échoué parce que leurs buts étaient trop bas.

Par ailleurs, on a dit de bien des gens qu'ils avaient échoué parce qu'ils n'avaient jamais atteint leur but le plus élevé, simplement parce qu'il était trop élevé. Ils n'ont pas atteint leur but, mais ils ont atteint leur potentiel maximum. Et c'est là qu'il faut voir la réussite! Réussir, ce n'est pas nécessairement atteindre son but, mais exploiter ses possibilités maximales à la lumière des occasions qui se présentent à nous au cours de notre vie.

La foi consiste à avoir l'audace de risquer d'être critiqué publiquement. En vérité, tous les projets originaux sont critiqués par les gens négatifs. Et si l'on ne peut totalement ignorer l'opinion publique, il ne faut en tenir compte que dans une certaine mesure. Nous devons nous rappeler que nous devons vivre avec certaines personnes une partie de notre vie; nous devons vivre avec d'autres personnes la majeure partie de notre vie; mais nous devons vivre avec nous-mêmes pendant toute notre vie, et nous devons vivre avec Dieu pour toujours! Posez-vous, dans l'ordre, ces questions destinées à faciliter les prises de décisions: (1) Quelle est l'opinion de Dieu sur un sujet donné? (2) Quelle est votre opinion profonde sur ce même sujet? (3) Quelle est l'opinion de vos amis sur le sujet? (4) Quelle serait l'opinion du public sur le sujet? L'opinion du public est le dernier élément à considérer, et non le premier! Lorsqu'il a terminé son examen de conscience le penseur axé sur la possibilité prend une décision, sachant que, s'il le faut, il saura convaincre un public hésitant ou hostile.

La foi consiste à avoir l'audace de risquer l'imperfection. *Si ça ne peut être un best-seller, je ne le publierai pas*, pensai-je à une certaine époque. Et cette idée m'a frappé:

Il est préférable de faire quelque chose de manière imparfaite que de ne rien faire à la perfection!

La vérité tragique est que la plupart de nos efforts seraient fructueux si nous osions courir le risque de la médiocrité. Ce qui, à nos yeux, semble médiocre peut paraître excellent à autrui. Norman Vincent Peale travailla longtemps et durement à son premier manuscrit. Finalement, convaincu que ce dernier n'était pas assez bon, il le jeta au panier. Heureusement, on l'y en retira puis on l'expédia à un éditeur. Il parut dans les librairies du pays sous le titre: *A Guide to Confident Living*. Il se vendit enfin à plus d'un million d'exemplaires.

La foi consiste à oser prendre un risque. Ce n'est pas l'échec que les penseurs axés sur la possibilité craignent plus que tout au monde, mais bien l'éventualité de ne plus pouvoir avancer, de ne plus pouvoir progresser, d'être fatigué. C'est la crainte de l'extrême prudence qui tue l'esprit d'aventure, détruit le courage, etc.

> Donnez-nous de temps à autre un homme
> Qui ose assumer les conséquences de ses actes
> Pour le seul plaisir de courir un risque,
> Et la vie en fera un roi!

Voici comment vous parviendrez à la réussite:

Le risque génère l'emballement. L'emballement génère l'enthousiasme. L'enthousiasme génère l'énergie. Vous avez ainsi le cycle du succès.

Vous êtes soudain catapulté sous les projecteurs. Ce n'est pas le spectateur confortablement installé sur son siège qui attire l'attention mais l'énergique preneur de risques dans l'arène centrale. Et plus l'enjeu est important, plus il y a de spectateurs. Celui qu'on applaudit, encourage et qui gagne enfin, ce n'est pas le mangeur de sandwichs dans les gradins, mais bien le coureur capable de prendre des risques et de s'exposer aux regards des spectateurs.

Dans le monde actuel, vous devez obtenir l'attention des gens avant d'obtenir leur appui. La publicité est essentielle, juste pour informer les gens de votre existence.

Celui qui prend des risques obtient de la publicité, et parce qu'il obtient de la publicité, il obtient aussi des appuis. Les gens courageux attirent les gens courageux. Les gens imaginatifs attirent les gens imaginatifs. Ceux qui ont de grandes idées attirent ceux qui ont de grandes idées. Soyez certain que les grands hommes et les hommes courageux ne sont pas attirés par les timides, les gens de peu d'audace ou qui ne font rien. Soudain le joueur glorifié découvre que les meilleurs hommes, les plus grands et les plus courageux dans son domaine lui portent attention et l'observent! D'étonnantes offres d'aide affluent de sources totalement insoupçonnées. Les grands hommes sont attirés par la personne combative qui tente bravement d'accomplir quelque chose de merveilleux. Ainsi, des appuis inattendus rendent le succès possible. J'ai entendu des gens jaloux axés sur l'impossibilité qui disaient: « Les gens de cette compagnie ont simplement eu de la chance. Monsieur Jones s'est joint à eux et, si ce n'avait été de monsieur Jones, ils auraient échoué. » Mais pourquoi monsieur Jones s'est-il joint à cette équipe? Pourquoi ne s'est-il pas joint à l'équipe des jaloux qui axent leur pensée sur l'impossibilité? Parce que les grands hommes sont inspirés et attirés par les gens courageux.

Soyez certain que ceux qui pensent à la sécurité avant tout, qui progressent lentement, parlent doucement, pensent petit et semblent prudents donnent une impression d'incertitude et de crainte intérieure. Pas étonnant qu'ils n'amènent jamais les grands hommes à se joindre à leur équipe.

Parce que celui qui prend des risques se fait connaître et s'attire des appuis, il réussit. Et il se réveille un matin avec le grand prix: la confiance en soi.

La confiance en soi est la sécurité!

Qu'est-ce que la sécurité sinon une profonde croyance en soi? Qu'est-ce que l'insécurité sinon un manque de foi en ses propres capacités?

Comment peut-on donner à quelqu'un le sens de la sécurité? En lui donnant la chance d'avoir foi en lui-même! Celui qui peut compter sur lui-même et qui a de l'assurance possède la vraie sécurité. Le communisme qui rassemble les gens et les sauve de la concurrence, les protège de l'échec et de la pauvreté, offre-t-il vraiment la sécurité? Il élimine peut-être la crainte de la pauvreté et la famine, mais:

L'absence de crainte n'est pas une preuve de courage.

Les gens trop prudents n'ont peut-être pas peur. Mais cela ne signifie pas qu'ils sont braves. Qu'arriverait-il s'ils devaient faire face au danger? Ils découvriraient tout à coup qu'ils ont manqué de véritable courage. Le communisme offre une fausse sécurité, car la vraie sécurité est la confiance en soi.

Le don inestimable de la confiance en soi ne peut s'acquérir que lorsqu'il y a réussite, après exposition à un échec possible. L'exposition au risque est la seule voie vers la véritable confiance en soi. On n'hérite pas de la confiance en soi. Elle doit être acquise de façon individuelle, génération après génération. Et la seule façon de l'acquérir est de prendre un noble risque, un risque honorable, en étant un joueur glorifié. La confiance en soi ne peut être enseignée ; elle doit être saisie au passage ! Et la seule façon de la saisir est de courir des risques. La pratique de la foi permettant de déplacer les montagnes procure la confiance en soi à travers le risque. Sans la confiance en soi, la foi ne peut jamais rassembler et faire la démonstration du pouvoir de déplacer les montagnes.

QUATRIÈME ÉTAPE : LE COMMENCEMENT. Si vous caressez un rêve c'est qu'alors vous avez chassé la crainte de votre esprit. Ne serait-il pas temps maintenant que vous preniez votre envol ?

Il ne suffit pas de rêver, de désirer et d'oser. La foi qui permet de déplacer les montagnes ne commence à agir que lorsque rien ne peut empêcher le rêve de se réaliser. Nous connaissons tous des gens qui ont de grandes idées et des rêves audacieux, mais qui n'entreprennent jamais rien. Probablement parce qu'aussi longtemps qu'ils remettent à plus tard leur entreprise, ces grands prétentieux ne prennent aucun risque.

La foi doit passer du niveau imaginatif à celui de la conversation, puis à celui de l'organisation concrète. Commencez ! Faites quelques chose !

J'ai observé que l'on n'obtient jamais d'appui véritable pour une cause avant de faire montre d'une foi agressive.

Dieu accomplit rarement un miracle si nous n'essayons pas. Et une grande foi implique que nous entreprenions quelque chose qui comporte un risque d'échec, d'embarras possible et de défaite potentielle. Dieu ne nous laisse pas subir l'humiliation d'un désastre personnel si nous nous aventurons, avec prudence et soutenu par la prière, dans un projet réalisable qui comble un besoin humain, qui est source d'inspiration et démontre une foi exceptionnelle! Quelqu'un a dit:

> *Même la tortue ne progresse pas si elle refuse de risquer sa tête.*

L'une des phrases les plus utiles que j'aie jamais entendues fut prononcée par le professeur Milton Hinga qui enseignait l'histoire à l'université de Hope, à Holland, au Michigan. Ce dernier, s'étant en effet aperçu un jour qu'aucun des étudiants de sa classe n'avait commencé son travail de session, il leut fit la remaque suivante: « Je vais vous révéler la chose la plus importante que vous entendrez jamais! »

Et lorsqu'il se fût assuré que tous étaient attentifs à lui, il enchaîna d'une voix douce mais ferme, avec les paroles suivantes: « Votre échec m'indiffère. Que vous puissiez oublier tout ce que je vous enseignerai dans ce cours, m'indiffère. Mais ce que je voudrais que vous n'oubliiez jamais est que:

> *« Commencer, équivaut à faire la moitié du chemin! »*

Ceci dit, avez-vous une bonne idée? Avez-vous discuté de cette dernière avec des gens compétents? Êtes-vous convaincu qu'elle est réalisable, qu'elle est une source d'inspiration et qu'elle est exceptionnelle ? Avez-vous assez d'audace pour courir les risques qu'elle comporte ? Dans l'affirmative, il conviendrait que vous vous appliquiez dès aujourd'hui à la mettre à exécution.

Trop occupé ? Alors peut-être est-il temps pour vous d'embaucher quelqu'un ou de demander de l'aide.

C'est souvent ainsi que ça commence. Si vous avez une bonne idée qui a reçu l'approbation de gens avisés, il est peut-être dans votre intérêt de faire appel à des personnes qui vous aideront à donner le coup d'envoi au projet. Il est peut-être même dans votre intérêt d'emprunter l'argent nécessaire à l'embauche de ces personnes aptes à vous aider dans votre entreprise. Peut-être s'agit-il du point de départ pour vous.

Quoi que vous fassiez, commencez. Commencer, c'est faire la moitié du chemin.

La foi confortablement assise ne donne pas même la force de déplacer le plus petit monticule de terre. Nous ne pouvons pas attendre à ce que Dieu déplace une montagne si nous ne sommes pas intéressés à fournir notre part d'efforts.

> Ne me plaignez pas, moi
> qui suis sur le point de me lancer dans
> une nouvelle aventure.
> Il me tarde trop encore d'attendre
> car mon cœur en est un insatiable de pionnier
>
> Anonyme

CINQUIÈME ÉTAPE : L'ESPOIR. L'espoir est un niveau plus profond de la foi. Il manque aux personnes qui après avoir mis certaines choses à exécution, échouent dans leur entreprise. Ils avaient suffisamment de foi pour se servir de leur imagination. Ils avaient suffisamment de foi pour dévoiler leurs projets et en discuter avec des gens avisés. Ils avaient suffisamment de foi pour former une organisation et mettre à exécution leur projet. Ils avaient l'imagination, la conversation et l'organisation, mais il leur manquait l'anticipation. Une fois leur entreprise lancée, il se sont mis à s'inquiéter, à s'interroger et à douter de leurs possibilités de réussite.

Le docteur Norman Vincent Peale a dit: «L'espoir est la grande puissance qui peut vous mener au succès. Pourquoi? Parce que lorsqu'un homme s'attend à gagner, il ne perd pas de temps, il consacre tout ce qu'il a à son projet. La plupart des gens échouent, non pas parce qu'ils manquent de capacités, d'intelligence ou d'occasions, mais parce qu'ils ne donnent pas tout ce qu'ils ont.»

Lorsque vous vous attendez à réussir, vous n'épargnez rien, vous y mettez votre dernier sou, vous y consacrez votre second souffle d'énergie et vous mettez en jeu votre inestimable réputation, confiant de vous en tirer. Un tel dévouement mène presque toujours au succès, car lorsque les gens savent que vous avez consacré à votre merveilleuse idée tout ce que vous aviez, ils marchent à vos côtés et vous aident à accéder à la victoire et à la réussite. L'un des plus grands leaders religieux a déplacé des montagnes grâce à cette phrase:

> *Entreprenez de grandes choses pour Dieu et attendez-vous à de grandes choses de sa part.*

Cela ne veut pas dire que nous atteindrons toujours nos objectifs. Cela veut dire que nous atteindrons le maximum de notre efficacité potentielle. Même si l'objectif ultime n'est pas atteint, la réalisation représente notre capacité ultime.

Ne soyez pas découragé si vous n'accomplissez pas tout ce que vous désirez.

Bien sûr si vous ne vous attendez pas à réussir, vous ne vous consacrerez pas entièrement à votre projet, et immédiatement les gens susceptibles de vous aider à cheminer vers la victoire commenceront à vous laisser tomber. Votre attitude conservatrice et trop prudente se reflétera sur votre visage anxieux, ce qui déplaira aux gens et les incitera à ne pas vous aider.

Il y a deux raisons majeures pour lesquelles les gens échouent. Les deux sont en rapport avec une absence de foi en leur capacité à déplacer des montagnes. Ceux qui échouent sont souvent des gens qui ont du mal à prendre des décisions. Ils ne peuvent prendre de décision rapidement et avec assurance. L'opportunité n'est plus, alors qu'ils décident, trop tard, de s'en saisir. Et certains échouent aussi en raison que une fois leur décision prise, ils ne progressent pas avec confiance. Ils saisissent l'occasion, mais ils perdent courage, se mettent à avoir peur et à se demander s'ils ont bien agi. Ils ont mis la main à la pâte, mais regardent déjà en arrière. Voulez-vous réussir ? Si oui développez la capacité d'évaluer les opportunités intelligemment, de les saisir rapidement et de les promouvoir avec confiance.

SIXIÈME ÉTAPE : L'AFFIRMATION. La foi consiste à affirmer que l'on a réussi avant que le succès arrive. La foi consiste à prétendre à la victoire avant même qu'elle ne soit atteinte. Cela est très difficile à faire, mais des plus importants.

Notre sens instinctif de la modestie et de l'honnêteté tend à nous empêcher d'annoncer publiquement notre réussite future. Nous avons l'impression que toute annonce de réussite, avant que celle-ci soit à notre portée, est un péché de présomption et d'orgueilleuse vantardise. Alors nous sommes naturellement portés à ne rien dire, à nous taire, à espérer que tout ira bien, et à nous dire que lorsque tout ira bien nous pourrons annoncer joyeusement notre réussite.

Saint Paul était-il modeste lorsqu'il disait : « Je peux tout faire grâce au Christ qui est ma force » ? Exagérait-il un peu ? Son affirmation était-elle totalement honnête ? Ou manifestait-il une foi en sa capacité à déplacer les montagnes ?

La vérité est que ceux qui déplacent des montagnes sont des gens qui prédisent franchement leur réussite. Ils savent que « les rats fuient le navire qui sombre ». Ils savent que rien ne réussit mieux que le succès. Ils savent que personne ne suit un perdant. Ils savent qu'ils doivent projeter une image de victoire s'ils désirent obtenir les appuis dont ils ont besoin pour atteindre leur objectif. Alors leur franche prédiction, leur annonce quelque peu crue ne traduisent pas un manque de modestie ou d'honnêteté mais une FOI PROFONDE, une foi de sixième niveau.

L'affirmation est le signe de la foi génératrice d'enthousiasme. Les grandes affirmations augmentent l'espoir et génèrent un grand enthousiasme.

Prédisez votre succès et vous vous verrez en train de gagner. Lorsque vous vous imaginez gagnant, cette mystérieuse force qu'est l'enthousiasme envahit soudain tout votre être.

Les gens enthousiastes étant des gens heureux, ils sont énergiques et ambitieux.

Donc les gens enthousiastes élèvent l'esprit et le moral, attirent le talent et génèrent l'espoir.

Il n'est pas étonnant que les gens affirmatifs attirent magnétiquement à eux les gens doués qui leur offrent généreusement leur talent, leur temps ou leur argent pour réaliser leur rêve emballant.

« Dites aux gens, d'un air confiant, que vous allez gagner », ai-je un jour conseillé à un jeune homme qui se lançait en politique. « Et si je perds ? Qu'est-ce que je vais leur dire ? » Je lui répondis sans hésitation : « Si vous perdez, allez directement aux gens et dites : « Eh bien au moins, j'ai cru que j'allais gagner ! » Avez-vous déjà vu quelqu'un gagner en politique, qui n'avait d'abord prédit sa victoire ?

Il est certain que peu d'hommes peuvent déplacer des montagnes, sans recours extérieurs. Et vous n'attirerez ou n'inspirerez jamais les gens à vous aider à moins de leur offrir un puissant espoir concernant votre réussite ultime.

Votre foi est-elle assez profonde pour que vous puissiez prédire votre succès avant même qu'il soit à votre portée ?

SEPTIÈME ÉTAPE : LA PATIENCE. Cette foi qui permet de déplacer les montagnes est une foi basée sur la patience.

Vous avez quitté les eaux peu profondes et êtes maintenant totalement immergé ; vous avez fait le grand plongeon et ne sentez plus le fond sous vos pieds. Maintenant, il vous faut commencer à nager, et c'est là que la pratique de la foi devient difficile. Le point de non-retour franchi, il n'est pour vous d'autres solutions que d'aller de l'avant en dépit que vous ne sachiez vers quoi vous aller ou comment vous y prendre pour parvenir au succès final. La nage en eaux profondes en est une vers l'inconnu, et il est probable que maints obstacles se présenteront à vous sur votre parcours.

La patience, c'est la foi en eaux profondes. Presque toutes les entreprises traversent une période pendant laquelle elles semblent faire face à des problèmes insurmontables. Et c'est lorsqu'il en est ainsi qu'il faut se rappeler que la foi qui permet de déplacer les montagnes en est une de ténacité.

Combien de fois des gens découragés m'ont-ils dit : « Révérend, j'ai prié, mais ça ne semble pas marcher pour moi. J'ai essayé de croire en Dieu, mais ça ne semble pas vouloir m'aider. Qu'y a-t-il qui ne va pas avec ma foi ? » Dans presque chaque cas, je dois leur dire qu'il y a un élément vital qui manque à leur foi. Et cet élément dynamique est la patience.

La foi est la patience !

Les hommes qui réussissent vraiment savent que tout projet est marqué par des périodes creuses au cours desquelles il n'y a rien d'autre à faire que d'attendre. Le danger réside dans la tentation, en ces moments tristes, d'abandonner.

Il y a neuf ans, je fis part de mon désir de construire une église à un ami avisé et lui demandai ce qu'il pensait de cette idée. Il me dit : « Eh bien, Bob, c'est une idée formidable. Probablement que tout ce que tu peux faire en ce moment, c'est d'attendre et de laisser évoluer la situation naturellement. » Le conseil était intelligent, sage et sensé. Je n'oublierai jamais comment il insista sur le mot évoluer. Il y a des moments où les problèmes sont tels, dans la réalisation d'un projet, qu'il vaut mieux ne pas brusquer les choses.

Cela est particulièrement vrai lorsque nous avons subi ce qui semble être un échec ou un recul coûteux. Ceux qui réussissent sont des gens qui refusent de croire en la défaite. Leur infinie patience génère une fantastique capacité de récupération. Là où l'individu moyen abandonnerait, le penseur axé sur la possibilité se remet sur pied, convaincu qu'un jour, d'une manière ou d'une autre, une nouvelle occasion se présentera qui le conduira à nouveau vers le succès.

Avez-vous des difficultés d'ordre personnel ou professionnel ? Si vous faites preuve d'une foi basée sur la patience, vous maîtriserez tous vos problèmes et vaincrez. Le temps a une façon de prouver que ce qui ressemble à un recul est en réalité la bonne fortune déguisée.

La foi permettant de déplacer les montagnes est une foi doublée de ténacité, c'est elle qui nous permet de résister aux puissantes pressions survenant pour nous décourager.

La foi exemplaire est simplement une foi qui refuse d'abandonner.

Si vous ne pouvez absolument pas tenir bon plus longtemps, vous êtes peut-être prêt pour le niveau de foi le plus profond. Car il y a des moments où la foi commande de se soumettre.

HUITIÈME ÉTAPE: L'ACCEPTATION (parfois appelé SOUMISSION). Nous connaissons tous des moments de découragement qui se manifestent plus particulièrement lorsque, malgré tous nos efforts, rien ne semble vouloir bouger.

Dans ces moments, la seule chose que nous pouvons faire, c'est de réciter cette profonde prière de foi que Jésus-christ récita le premier. Alors que la mort par crucifixion semblait imminente, il récita en effet cette prière débordante de foi: «Père, tout t'est possible. Mais que ta volonté soit faite, et non la mienne.» Que ta volonté sont faite: Cette phrase, qui surpasse tous les propos des hommes, est une déclaration de foi au plus profond niveau!

La foi permettant de déplacer les montagnes en est une qui nous amène à nous soumettre, à nous abandonner à Dieu et à lui laisser la charge de notre vie. Que ta volonté soit faite: Voilà sans doute l'ultime déclaration de foi qui puisse être prononcée par un être humain.

C'est peut-être ce qui manque à votre foi si votre montagne refuse de bouger. Si, en dépit de tous vos efforts, votre montagne ne bouge pas, je suggère que vous essayiez cette prière génératrice de miracles: Que ta volonté soit faite.

Récemment, un jeune homme a perdu sa femme. Nous ne réussissions pas à l'aider à surmonter la douleur qui recouvrait son âme d'un sombre voile de désespoir. Puis le jour des funérailles arriva. Je priai silencieusement pour lui. Une fois que tout le monde eut quitté la chapelle, le pauvre mari et moi nous trouvâmes seuls devant le cercueil. C'est alors que le miracle se produisit. Levant vers le ciel des yeux pleins de larmes, il fit cette prière: «Seigneur, je la remets entre vos mains.» Sa foi avait atteint de hauts sommets. Il se tenait à nouveau droit et fier! Alors qu'il reprenait ses esprits, il me regarda et dit: «Elle est entre bonnes mains maintenant.» Et il s'éloigna d'un pas rapide et ferme. Il avait abandonné son épouse à Dieu. Par la soumission, sa foi trouva la force de déplacer sa montagne de douleur. Et l'aube d'une paix sereine envahit son esprit.

Comment pouvez-vous abandonner vos rêves ou vos problèmes à Dieu? Je vous répondrai en vous faisant la réflexion suivante: Plus j'étudie la vie humaine et plus je me rends compte que seul Dieu sait ce qui est bon et ce qui est mauvais pour nous. L'une de mes histoires favorites est la classique histoire du Chinois qui possédait un cheval et un fils. Un jour son cheval se détacha du corral et alla chercher la liberté dans les collines. Les voisins qui se rassemblèrent le soir venu dirent: «Ton cheval s'est enfui? Quelle malchance!»

Ce à quoi le vieux Chinois leur répondit: «Et qu'est-ce qui vous dit que c'est une malchance?»

La nuit suivante, le cheval revint à son corral familier pour y manger et y boire; douze étalons sauvages l'accompagnaient! Le fils du fermier aperçut les treize chevaux dans le corral, sortit doucement et verrouilla la barrière. Soudain, il y eut treize chevaux. Les voisins apprirent la bonne nouvelle et vinrent dire au fermier: «Oh, tu as treize chevaux! Quelle chance!»

Et le vieux Chinois leur répondit: «Comment savez-vous que c'est une chance?»

Quelques jours plus tard, son jeune et vigoureux fils essaya d'apprivoiser l'un des étalons sauvages, mais il tomba et se fractura une jambe. Les voisins revinrent le soir même pour prononcer un autre jugement hâtif: «Ton fils s'est brisé la jambe? Quelle malchance!»

Et le sage vieillard de répondre à nouveau: «Comment savez-vous que c'est une malchance?» De fait, quelques jours plus tard, un seigneur de la guerre passa par là et conscrivit tous les jeunes hommes qui avaient une bonne santé, pour les emmener à la guerre dont ils ne reviendraient jamais. Mais le jeune homme fut sauvé grâce à sa jambe fracturée. Seul Dieu sait ce qui est bon et ce qui est mauvais pour nous.

«Tout s'arrange pour ceux qui aiment Dieu.» Lorsque nous apprenons cette leçon, il devient possible pour nous de réciter la prière de soumission de la foi la plus profonde: Que ta volonté soit faite.

Si votre montagne refuse de bouger, abandonnez-la à Dieu. Il la déplacera ou vous indiquera comment la transformer en une mine ou un monument.

«Je vais avoir un autre bébé. Peut-être que ce sera la fille que nous avons toujours désirée. Nos quatre garçons sont si emballés.» Ces paroles sont celles de Sara Rasmussen qui téléphona un jour à ma femme. «Tu sais, continua-t-elle, nous avions presque cessé d'espérer un autre enfant. Et en riant, elle ajouta: Nous pratiquons la pensée axée sur la possibilité. Il est bien possible que nous ayons une fille.»

Les femmes de l'église organisèrent une soirée de remise de cadeaux à l'intention de Sara. «Pensez rose», disait-on aux femmes en les invitant à la soirée. Lorsque la future mère, surprise, entra dans la pièce, elle aperçut des fleurs roses, des rubans roses et des colis emballés dans du papier rose.

La musique de Noël était dans l'air lorsque quelques semaines plus tard son mari nous apprit joyeusement la bonne nouvelle. « Nous avons notre fille ! Nous l'appellerons Leah. La mère et la fille vont bien. »

Arvella, ma femme, répondit au téléphone lorsque Norm appela à nouveau deux semaines plus tard. Cette fois, il parla lentement et tristement. « Le médecin nous a appris une nouvelle terrible aujourd'hui. Leah est atteinte de mongolisme. Elle ne vivra peut-être que quelques années. »

Je leur rendis visite à domicile. C'est Sara qui m'ouvrit. Elle arborait un courageux sourire, malgré les larmes dans ses yeux. Nous nous assîmes, nous récitâmes la prière de l'acceptation : « Oh Dieu, donnez-nous le courage de changer ce qui peut être changé, la foi d'accepter ce qui ne peut être changé, et la sagesse d'en reconnaître la différence. Que votre volonté soit faite. Amen »

Je rappelai à Sara l'exemple de Dale Evans et de Roy Rogers : Dieu leur avait donné un petit bébé qui allait être un enfant exceptionnel comme Leah ; cet enfant était mort quelques années plus tard et Dale avait raconté son histoire dans un livre intitulé *Angel Unawares*.

Et lorsque des personnes conseillèrent à Norm et à Sara de placer Leah dans un foyer spécial, ils s'opposèrent à cette idée. La prière et la réflexion les avaient convaincu qu'il leur fallait agir autrement. « Ce serait une bonne décision pour certaines familles. Mais nous sommes forts et nos garçons aiment beaucoup le bébé. Nous savons que Dieu veut qu'elle demeure ici, chez nous, où nous pourrons tous l'aimer. »

Cela se passait il y a huit ans. La semaine dernière, ma femme reçut un autre appel de Sara. « Comment vas-tu, Sara? Comment va Leah? » lui demanda mon épouse. Ce à quoi Sara, et d'un ton de ménagère affairée, répondit: « Leah va bien. Tu sais que j'en ai quatre maintenant. »

« Quatre? Que veux-tu dire? » demanda mon épouse.

« Eh bien, répliqua Sara, simplement que nous avons trouvé trois autres enfants exceptionnels dont les parents ne pouvaient ou ne voulaient s'occuper. Ce sont des orphelins, tu vois. J'ai décidé d'aimer ces enfants et de faire de cette occupation ma carrière. Nous les avons donc pris chez nous. Leah les adore. Elle n'est plus seule maintenant. Nous n'avons jamais été plus heureux. »

Lorsque je demandai à Norm de m'accorder la permission de raconter leur histoire à mes lecteurs, il me répondit: « Oui, et dis-leur qu'il y a de merveilleuses possibilités d'amour et de joie dans toutes les situations que Dieu nous fournit. Nous n'aimons pas davantage Leah que les autres garçons, mais elle nous procure plus de joie. Tu vois, nous avons complètement accepté Leah en tant que personne. Nous nous attendons à ce qu'elle soit difficile à certains moments, alors nous ne nous fâchons pas lorsque cela se produit. Nous n'exigeons pas d'elle qu'elle soit parfaite. Alors nous l'aimons comme elle est, avec ses qualités et ses défauts! Depuis que nous avons récité les mots: Que ta volonté soit faite, elle a été une des plus grandes bénédictions de notre vie. »

La foi qui permet de déplacer les montagnes, c'est

1. Le rêve
2. Le désir

3. L'audace
4. Le commencement
5. L'espoir
6. L'affirmation
7. La patience
8. L'acceptation

Comment pouvez-vous obtenir ce genre de foi?

En faisant la connaissance du PLUS GRAND PENSEUR AXÉ SUR LA POSSIBILITÉ QUI AIT JAMAIS VÉCU.

14

Le plus grand penseur axé sur la possibilité qui ait jamais vécu

Tout s'opposait à ce qu'Il devienne jamais un penseur axé sur la possibilité.

Premièrement, Il était juif. Et le monde était jaloux des Juifs. Du fait qu'il se trouvait du mauvais côté du «rideau romain», il n'avait donc au départ aucune chance. Deuxièmement, il était Nazaréen et même la haute société juive de Jérusalem méprisait les Nazaréens de Galilée ! Le pauvre jeune homme avait eu le malheur de naître au mauvais endroit. Tout le monde savait que Nazareth était l'endroit le plus sale, le plus misérable de toute la région. C'était le point de rencontre des grandes voies marchandes, et par conséquent il s'y passait des choses louches. « Es-tce que quoi que ce soit de bon peut sortir de Nazareth ? » demandaient les gens snob.

Son père était un simple ouvrier. Il grandit donc dans la pauvreté. Il devait travailler jour et nuit pour rassembler l'argent nécessaire au paiement des impôts. Sa famille n'eut jamais de maison à elle. Il dit un jour : « Les renards ont des terriers, les oiseaux ont leur nid, mais le Fils de l'Homme n'a aucun endroit qui lui appartienne. »

Mais cela ne réduisit pas du tout son enthousiasme pour la vie.

Le miracle de sa vie, c'est qu'Il n'a pas été infecté par l'attitude mentale contagieuse que nous appelons la pensée axée sur l'impossibilité. Il avait pourtant toutes les raisons du monde de devenir un penseur axé sur l'impossibilité.

De plus, Il aurait pu se plaindre du peu d'opportunités qui lui furent offertes. Il n'eut jamais la chance de visiter les grandes villes: Alexandrie, Athènes, Rome. Sa seule visite, alors qu'il était enfant, en fut une à Jérusalem. Il alla au Temple, ce qui l'impressionna beaucoup. Il impressionna aussi les docteurs du Temple. En plus de tout ceci, il n'avait pas de contact. Il ne connaissait tout simplement pas les bonnes personnes. Même s'il avait voulu le faire il n'aurait pu impressionner les gens en citant des noms prestigieux. (Si l'on excepte le fait que le Tout Puissant et Lui étaient de très bons amis.) Vers quel genre de personnes fut-Il donc attiré? Non pas vers les gens importants, non plus que vers les leaders de l'industrie, de la politique, du commerce, de la société, du gouvernement, de l'éducation ou de la religion, mais vers toute personne qui pouvait penser grand, croire grand, et faire de beaux grands rêves:

Un pêcheur capable de croire qu'il pouvait être quelqu'un.

Une malade qui osait croire qu'elle pouvait guérir.

Une prostituée qui osait penser qu'elle pouvait être une grande dame.

Un politicien véreux qui osait croire qu'il pouvait retrouver sa dignité perdue.

Pourquoi était-Il attiré vers ce genre de personnes? Parce qu'il s'agissait des seules personnes qu'Il pouvait aider! Et c'était les seules personnes qui pouvaient l'aider. Il voulait réaliser l'impossible. Il voulait changer le monde. Il croyait qu'en réunissant les personnes ayant la bonne attitude, Il pourrait réussir à changer le monde. Mais il fallait qu'il s'agisse de penseurs axés sur la possibilité.

Il essaya d'en faire de plus grands penseurs axés sur la possibilité: «Si vous avez la foi d'un grain de sénevé, leur disait-il, vous pouvez dire à cette montagne de se déplacer, et elle se déplacera, et rien ne vous sera impossible.» Ou encore: «Vous pouvez tout faire, si vous n'essayez pas de le faire seul. Nul homme n'est une île. Dieu est en moi et Dieu peut aussi être en vous. Vous avez besoin de Dieu. Une vigne ne peut porter de fruits si on en coupe les branches. Vous êtes les enfants de Dieu. Vous êtes les branches de Dieu dans ce monde. Vous pouvez avoir une vie fructueuse. Mais n'essayez pas de vous couper de sa puissance. Il est la racine. Vous êtes les branches.»

Il disait aussi: «*Sans moi vous ne pouvez rien. Vous êtes la lumière du monde. Vous êtes le sel de la terre.*» Et les gens le croyaient lorsqu'Il leur disait ces paroles. Il ne les appela jamais pécheurs. Il voyait en chacun des hommes de grandes possibilités. Et Il s'acharna à inculquer à ceux qu'Il croisait sur sa route le sens de la valeur personnelle et de la dignité. Après tout, pour lui, les êtres humains étaient des descendants de Dieu.

Oui, Il aurait pu *axer sa pensée sur l'impossibilité.* Car Il n'eut pas le temps de faire grand chose de valable aux yeux des hommes. Il fut tué alors qu'Il n'avait que trente-trois ans. Il mourut célibataire. Sans enfants. Sans le sou. Les Romains qui le crucifièrent tirèrent ses vêtements au sort. Cela fait, il ne restait rien. La foule dut rentrer chez elle. Il était mort maintenant. Mais même sa mort fut pour Lui une grande opportunité ! Quel penseur axé sur la possibilité ! « Je monterai au ciel, attirant à moi tous les hommes, » fut sa conclusion finale.

Oui, tout Lui était une opportunité! Lorsqu'Il se retrouva les mains clouées à une croix de bois, il se saisit de l'occasion pour livrer un message qui resterait aux générations à venir. C'était le suivant :

Il n'y a pas de péché que Dieu ne peut pardonner.

Ainsi, Il récita cette prière: « Mon Père, pardonnez-leur, car ils ne savent ce qu'ils font. » Et la croix est devenue un heureux symbole rappelant au monde que si Dieu peut pardonner cette horrible torture d'un Christ innocent, Il peut pardonner tous les péchés. Après sa mort, des amis descendirent doucement le corps nu, qu'ils enveloppèrent dans un linceul, et le déposèrent dans un tombeau.

C'est fini ! pensa la foule qui avait terminé son œuvre sanglante. « Bon débarras, » disaient ses ennemis. Car il avait des ennemis qu'Il s'était attiré en essayant de combattre la religion hypocrite.

On retira les croix du sol. Le sable que le vent balayait allait bientôt combler les trous. Son corps était mort et, avec lui, sa grande idée, son rêve grandiose et ses propos exagérés. Ses disciples étaient dispersés. Ils avaient franchement très peur. Seraient-ils les suivants ? Aucun mouvement ne pouvait être moins vivant que le sien ce jour-là. Car Il était mort. Il n'avait laissé aucun manuscrit, aucune corporation, aucune propriété, aucun quartier général. Seulement une grande idée à l'effet que tout homme peut réaliser n'importe quoi s'il vit aux côtés de Dieu et s'il a suffisamment de foi.

C'était sa grande idée; et alors que la mort semblait vouloir prouver qu'elle était irréalisable, quelque chose se produisit. *Il apparut, vivant, à ses disciples.*

Et ceux-ci qui étaient alors vaincus, découragés, brisés, se trouvèrent enflammés par une foi plus grande que celle jamais manifestée par n'importe quel groupe d'êtres humains dans l'histoire de la race humaine.

Lorsqu'ils entendirent ce grand penseur axé sur la possibilité leur dire

« Bien sûr il y a un Dieu! Je l'ai vu! »

« Bien sûr il y a une vie après la mort! J'en ai fait l'expérience et peux répondre à cette question une fois pour toutes! »

« Bien sûr Dieu entend et exauce les prières! »

« Bien sûr vous pouvez changer le monde! Tout cela est possible! » Ces disciples peureux devinrent les hommes les plus braves que l'histoire ait jamais vus. Ils quittèrent leur cachette et sortirent dans les rues. Une chose est certaine: Ils affirmèrent avoir vu leur Maître ressuscité. Et ils en étaient si convaincus que leur peur de se montrer en public disparut et fit place, quelques jours plus tard, à des sermons prononcés aux coins des rues. Sans se soucier de savoir si on allait les tuer aussi. « Vous êtes ivres, » leur dit quelqu'un.

« Pas du tout, ami, répondirent-ils. En vérité, ce Christ qui a été tué est encore vivant ! Nous l'avons vu ! Nous Lui avons parlé. »

Et ces penseurs axés sur l'impossibilité devinrent finalement les plus grands penseurs au monde axés sur la possibilité. Rien ne pouvait les arrêter. Rien ne pouvait les empêcher de réussir. L'esprit axé sur la possibilité de leur Maître les avait enfin convaincus. Et ils étaient tous transformés.

L'histoire exemplaire du peuple juif comporte de nombreux exemples d'hommes courageux, brillants et vaillants. Mais ce groupe de Juifs inspirés par Dieu n'a jamais connu son pareil en courage, en confiance et en détermination.

Car enfin c'est son Esprit Vivant qui les inspira. La dernière parole de leur Maître fut : « Allez, parcourez le monde, et prêchez cette parole à tous les êtres humains. Commencez ici, à Jérusalem, puis rendez-vous dans les endroits les plus reculés du monde. »

S'ils avaient pu comprendre la terminologie moderne, Il leur aurait dit : « J'espère avoir un jour des succursales à Londres, Berlin, Paris, Rome, Tokyo, Rio de Janeiro, New York, Chicago et Los Angeles. »

Quel grand penseur ! Quel grand dessein ! Quelle formidable manière de conquérir le monde ! Le plus grand penseur axé sur la possibilité au monde !

À travers eux, ce penseur axé sur la possibilité était sur le point de résoudre son plus grand problème. Car Il avait un grand problème sur cette terre, un problème qui semblait insurmontable et qui était le suivant : Il ne pouvait être qu'à un endroit à la fois.

Quelqu'un m'a dit récemment: «Quel dommage qu'Il ne soit pas parmi nous aujourd'hui. Il pourrait certainement nous aider.» Ce à quoi il ajouta tristement: «Pourquoi est-Il mort de toute façon?»

«Mort? Il n'est pas mort, répondis-je. Il me semble que son Esprit est très, très vivant de nos jours.»

«Il s'est simplement débarrassé de son corps, ajoutai-je, car c'était le plus gros problème auquel Il avait à faire face, vous savez. Il avait un corps, alors Il ne pouvait être qu'à un endroit à la fois. Alors qu'Il était dans le nord, Il ne pouvait aussi être dans le sud. Je suis certain qu'Il a dû se dire souvent: *J'aimerais avoir un million de corps. Un million de cœurs. Un million de langues. Deux millions de mains. J'aimerais être à un million d'endroits en même temps.*»

Donc Il conçut la brillante idée de se débarrasser de son corps et d'envoyer son Esprit Saint dans le cerveau de millions de gens de toutes les races, dans toutes les villes, dans tous les pays, dans le monde entier! Ce fut sa manière d'être dans un million d'endroits en même temps!

Et Il est vivant en ce moment même, envoyant ses messages dans l'esprit des hommes. Votre cerveau a été délibérément conçu pour capter les signaux spirituels de Dieu sous la forme d'idées, d'impulsions et d'humeurs. Le Christ vous envoie un message en ce moment même. Il prend la forme d'une pensée axée sur la possibilité dans votre esprit. Écoutez-le! Acceptez-le! Et le Christ pourra vivre en vous!

Jésus-Christ aimerait beaucoup être là où vous êtes. Il peut y être en faisant partie de vos pensées, de vos sentiments et de vos gestes. Laissez le Christ envahir tout votre être et alors

— *Votre bouche prononcera des paroles* qui vous choqueront. « Est-ce que j'ai vraiment dit cela ? » vous demanderez-vous.
— *Votre esprit sera envahi par des idées* qui vous étonneront. « Est-ce que j'ai pensé cela ? » vous demanderez-vous.
— *Des sentiments surgiront fortement en vous*, vous vous soucierez pour des gens qui vous laissaient indifférent. « Cela ne me ressemble pas », vous direz-vous.
— *Des impulsions vous viendront soudain*, vous poussant à aider les malheureux et à changer vos mauvaises habitudes, et vous commencerez à réaliser que LE CHRIST VIT VRAIMENT EN VOUS !

Et vous direz, comme un Juif célèbre l'a dit il y a de nombreux siècles : « Je peux tout grâce au Christ qui me rend fort. » Bien sûr ! Le Christ vous donne constamment de fortes pensées imprégnées de possibilité. Face à des obstacles insurmontables, vous trouvez une brillante idée. Nous ne pouvons nous décourager lorsque nous sommes en contact avec cette grande âme vivante. Nous voyons des occasions tout autour de nous. Toujours. Tous les jours de notre vie. Si un homme est dans le Christ, il devient un nouvel être. Les choses anciennes sont mortes. Tenez bon ! Tout se renouvelle.

Il y a, partout dans le monde, des millions de gens comme cela. Ce sont des gens possédés par le Christ. En vérité, Jésus-Christ est plus vivant de nos jours qu'il l'était il y a deux mille ans.

Donc le Christ vit et œuvre dans ce monde.

Se servant de la pensée, du cœur et de la puissante volonté d'hommes et de femmes de bien, Il enseigne, guérit, invente, négocie, pardonne et rassure.

Où que vous soyez et quoi que vous fassiez, si vous êtes en contact avec d'autres êtres humains, vous pouvez être certain que le Christ peut faire appel à vous pour se réincarner en vous. C'est la possibilité suprême de la vie humaine.

Le Christ n'a que nos mains pour accomplir son œuvre aujourd'hui. Il n'a que nos pieds pour mener les hommes sur le chemin. Il n'a que nos langues pour révéler sa mort aux hommes. Il n'a que notre aide pour amener les hommes à ses côtés.

15

Maintenant, réussissez en tant que penseur axé sur la possibilité

Si vous mettez en application les principes enseignés dans les chapitres précédents et que vous acceptez de vous conformer à ce qui suit, vous pouvez être certain de votre réussite : *Pour réussir, il faut*

— METTRE FIN à l'habitude nuisible et destructrice qui consiste à vous défendre de vos erreurs, à trouver des explications à vos péchés, à accepter vos échecs et vos erreurs de jugement.
— REGARDER profondément en vous-même de façon à découvrir les énormes possibilités qui y sommeillent et attendent d'être reconnues pour se manifester.
— TENIR COMPTE de la critique constructrive, des conseils sensés et honnêtes provenant des amis sérieux et sincères.

Maintenant, voyez et saisissez les possibilités qu'il y a en vous

Servez-vous de la pensée axée sur la possibilité pour surmonter vos sentiments d'infériorité, d'inaptitude et d'insignifiance. Devenez confiant en vous-même; surprenez-vous vous-même et étonnez ceux qui vous entourent. Apprenez à vivre avec vous-même et à tirer plaisir de votre nouvelle façon d'être. Voici comment il vous faut procéder:

1. COMPRENEZ-VOUS et comprenez ceux qui vous entourent. Ne vous y trompez pas. Les gens sont moins intéressés par votre apparence que par votre personnalité. Vous ne pouvez changer votre apparence, mais vous pouvez changer votre personnalité.

2. DÉPROGRAMMEZ-VOUS. Car depuis de nombreuses années, vous vous êtes probablement raconté que vous étiez incapable, inférieur, peu attrayant, inefficace, sans talent, inintelligent, ou que vous manquiez d'assurance, de charme, de contenance, le résultat est que vous avez fini par croire en ce que vous affirmiez. Si vous avez des idées négatives sur vous-même, il faut vous empresser de changer votre façon de voir.

3. DÉPROGRAMMEZ-VOUS EN VOUS REPROGRAMMANT grâce à cette puissance et divine affirmation: « Je peux tout grâce au Christ qui me rend fort. »

4. ACCEPTEZ-VOUS. Cessez de lutter contre votre milieu d'origine. Cessez de détester votre passé. Peu importe l'endroit où vous êtes né, la couleur de votre peau ou la force de votre accent, vous êtes tel que vous êtes et devez l'acceptez car c'est Dieu qui vous a voulu ainsi: différent et distinct. Il aime ce qu'Il a créé. Pourquoi n'en faites-vous pas autant?

5. AMÉLIOREZ-VOUS. Rien n'augmente l'estime de soi autant que l'amélioration personnelle. Faites des lectures

qui vous ouvriront l'esprit. Améliorez vos connaissances et votre compréhension des gens et des choses. Bref, continuez à grandir. Continuez à élargir le champ de vos intérêts. Vous n'êtes vieux que lorsque vous décidez de cesser de croître. L'inaction diminue l'estime de soi.

6. EXCELLEZ DANS QUELQUE CHOSE. Lorsque nous nous sentons dans la moyenne ou médiocre, ou carrément mauvais dans quelque domaine que ce soit, nous nous déprécions. Essayez d'exceller dans un domaine quelconque, essayez d'être la personne la plus prévenante, la plus amicale, la plus gentille ou la plus compréhensive de votre entourage. Vous pouvez exceller dans un domaine donné si vous faites l'effort nécessaire à cet effet.

7. JOIGNEZ-VOUS À UN GROUPE QUI VOUS RENFORCERA. Certains y parviennent en se joignant à un club ou une organisation. C'est bien. Entrez en contact avec votre église et vous aurez ce merveilleux sentiment d'appartenir à un groupe au sein duquel Dieu vit et œuvre.

8. CONSACREZ-VOUS aux autres. Faites-vous des amis intimes. Dans le monde actuel, peu de gens ont le temps de cultiver des amitiés profondes. Nous connaissons vaguement des centaines de personnes. Liez-vous davantage à quelques-unes d'entre elles avec lesquelles vous partagez des intérêts. Et assurez-vous que Jésus-Christ est votre ami le plus proche, le plus profond, le plus intime.

9. ET MAINTENANT, OUBLIEZ-VOUS. Le secret du respect de soi réside dans l'oubli de soi. Aimez et servez les autres et vous n'aurez pas le temps de trop penser à vous-même.

Découvrez et développez les possibilités que comporte toute idée constructive

Vous devez comprendre que vous n'êtes pas intelligent lorsque vous rejetez une idée dont vous n'avez pas soigneusement examiné toutes les possibilités. Disciplinez-vous à aborder positivement toute idée. Voici comment :

1. ÉCOUTEZ ATTENTIVEMENT CE QUE L'ON A À VOUS DIRE. Gardez l'esprit ouvert jusqu'à ce que la personne ait terminé ses explications.

2. MÉFIEZ-VOUS de votre première réaction négative : Peut-être êtes-vous sur la défensive. Peut-être avez-vous des préjugés face à ce que l'on vous explique.

3. GARDEZ-VOUS DE LA TENDANCE À FERMER VOTRE ESPRIT à la valeur potentielle de l'idée émise simplement parce qu'elle ne correspond pas à vos projets.

4. PRENEZ VOTRE TEMPS avant d'opposer un non catégorique à une idée qui a une valeur, quelle qu'elle soit.

5. RAPPELEZ-VOUS que toute proposition constructive peut comporter des aspects plus problématiques.

6. NE REJETEZ PAS UNE IDÉE qui a un aspect constructif, du simple fait que vous ne l'aimez pas, que vous croyez qu'elle ne peut aboutir ou qu'elle comporte des difficultés.

7. RECHERCHEZ LES POSSIBILITÉS QUE RECÈLE LA PROPOSITION. Tentez de découvrir ce qu'il y a de positif dans l'idée ou le projet soumis. S'il vous semble que ceux-ci ne comportent aucun aspect valable, peut-être devriez-vous demander si votre pensée n'est pas axée sur l'impossibilité.

8. RECHERCHEZ MAINTENANT LES MANIÈRES POSSIBLES de résoudre les difficultés et les dangers que comporte le projet dont il est question. Trouvez des gens qui sont plus capables que vous et qui trouveront des moyens possibles d'*éliminer*, d'*isoler*, de *neutraliser* ou de *sublimer* les aspects négatifs qui en font partie.

9. IMAGINEZ MAINTENANT LES FAÇONS ET MOYENS qui vous permettront de capitaliser sur la valeur potentielle de la proposition positive.

NE VOUS PERMETTEZ JAMAIS, à travers ce processus mental, de penser ou de croire que quoi que ce soit est impossible. Le résultat ? Vous saisirez des idées que les autres écarteront rapidement, les croyant trop dangereuses, trop coûteuses ou sans valeur, et vous créerez à partir de ces idées de grandes choses.

Découvrez et saisissez les possibilités que recèlent les occasions qui se présentent à vous

Utilisez la pensée axée sur la possibilité pour transformer les occasions en succès véritables. Voici comment il faut vous y prendre :

1. ÉLIMINEZ votre tendance à vous considérer inférieur. Plutôt que de craindre l'échec, saisissez la chance qui s'offre à vous, au travers de la réalisation d'un projet de renforcer votre assurance. Rejetez les pensées d'impossibilité telles que : « Je ne suis pas assez intelligent... Je ne connais pas les bonnes personnes... Je n'ai pas les bons contacts... Je n'ai pas le talent nécessaire... Je suis handicapé. »

2. INSCRIVEZ dans votre esprit des pensées génératrices de confiance telles que : « Je peux tout grâce au Christ qui

me rend fort... Tout est possible si j'ai la foi... Si j'ai la foi d'un grain de sénevé, je dirai à cette montagne de se déplacer et rien ne me sera impossible. »

3. DÉTERMINEZ vos objectifs immédiats et à long terme. Dressez ensuite une liste exhaustive de tous les moyens qui pourraient vous permettre d'atteindre ces objectifs.

4. PARLEZ de votre projet. Faites-en une déclaration publique. Informez-en le plus de gens possible, de sorte que lorsque vous serez tenté d'abandonner, votre honneur vous en empêchera. L'étape la plus difficile est la première.

5. RÉUNISSEZ le temps, l'argent, l'énergie et l'intelligence nécessaires au projet. Entourez-vous d'associés fiables et talentueux.

6. ATTENDEZ-VOUS à réussir. Consacrez-vous entièrement au projet que vous chérissez. Réalisez-le en y mettant tout votre cœur.

Si vous refusez de croire à la défaite, vous transformerez les projets en entreprises réussies et florissantes.

Faites face à votre problème et découvrez-en tous les aspects positifs

Conservez une attitude ferme et positive en face de difficultés; abordez les problèmes de manière créatrice. Servez-vous de la pensée axée sur la possibilité pour

1. VOUS RAPPELER que tout problème indique un besoin à combler.

2. VOUS RAPPELER QUE LE SUCCÈS CONSISTE À IDENTIFIER UN BESOIN ET À LE COMBLER.

3. ENVISAGER votre problème comme une opportunité déguisée.

4. ACCUEILLIR votre problème comme un exemple ou un défi.

5. RECHERCHER ET TROUVER QUELQU'UN qui puisse vous aider à résoudre ou à sublimer ce problème.

Si vous habitez à proximité d'un océan, vous constaterez peut-être que les nageurs timides, devant la menace des grosses vagues, paniquent, font demi-tour ou s'enfuient, pour finalement être submergés ou rejetés vers le rivage par la montagne déferlante. Si vous observez maintenant le surfeur, vous constaterez qu'il cherche et trouve la vague qui se gonfle sauvagement. Il accueille la vague dans un état d'esprit semblable à celui-ci de Caleb : « Donnez-moi une montagne ! » Il demeure calme, son aquaplane bien en mains. Alors que la vague, de plus en plus haute et de plus en plus rapide, atteint son apogée, il axe sa pensée sur la possibilité et chevauche la montagne liquide, qui l'élève et le transporte très loin ! Si vous affrontez vos problèmes de façon créatrice, vous ne connaîtrez jamais la défaite.

Faites l'effort de découvrir les facettes constructives des expériences personnelles difficiles

Comment les penseurs axés sur la possibilité se remettent-ils d'une tragédie personnelle ? Ayant observé en tant que pasteur, la façon dont des centaines de personnes courageuses ont transformé leur tragédie en expériences enrichissantes, je vous indiquerai comment :

1. ÉVITEZ DE VOUS APITOYER SUR VOTRE SORT. Vous croyez-vous donc à l'abri de tout malheur ? Dieu n'a jamais pro-

mis de ciel toujours bleu et de routes toujours pavées de fleurs. L'apitoiement sur soi n'engendre que la destructivité.

2. NE LAISSEZ PAS LA CULPABILITÉ VOUS TORTURER. Toute peine s'accompagne toujours d'un sentiment de culpabilité. C'est naturel. Mais c'est dangereux. Ne vous faites pas plus de mal en vous blâmant. Vous blâmer n'aidera personne et vous nuira, ainsi qu'aux autres. Si vous êtes vraiment coupable, adressez une prière fervente au Christ. Le pardon est sa spécialité. C'est ce qui fait de la croix un merveilleux symbole pour les chrétiens. Maintenant, pardonnez-vous.

3. GARDEZ LA TÊTE FROIDE ET RAPPELEZ-VOUS QUE CETTE TRAGÉDIE RISQUE DE VOUS NUIRE SI VOUS NE RÉAGISSEZ PAS. Les ennuis ne vous laissent jamais indifférent. Ils vous rendront amer, cynique, dur et froid si c'est ce que vous désirez. Mais servez-vous de votre tête et rappelez-vous que cela ne fera qu'augmenter votre malheur. Car il n'existe pas de gens cyniques, amers, qui sont heureux. Gardez-vous de la réaction émotive destructrice qu'est l'amertume. N'empirez pas les choses pour vous-même et pour les autres.

4. DITES-VOUS À VOIX HAUTE: « JE VAIS METTRE À PROFIT CETTE TRAGÉDIE POUR DEVENIR MEILLEUR. » Et elle vous rendra meilleur. Vous deviendrez beaucoup plus sensible, sympathique et réconfortant pour ceux qui vous entourent. Seuls les cœurs brisés s'y connaissent en amour. Cette tragédie peut faire de vous une personne plus douce, plus aimable, plus belle et plus sympathique.

5. PENSEZ QUE CETTE TRAGÉDIE VOUS RAPPROCHERA DE DIEU OU VOUS EN ÉLOIGNERA. Un grand prophète hébreu, Élie, a

trouvé la foi dans le chagrin : « L'année où le roi Uzziah est mort, j'ai vu le Seigneur, » écrivait le prophète. Bien des gens racontent que c'est au cours de leur période de douleur la plus intense, qu'ils ont eu leur plus riche contact avec le Dieu vivant.

Laissez vos problèmes vous rapprocher de Dieu. Rapprochez-vous du Christ. Il vit, Il aime, Il conduit, Il élève !

Vous découvrirez la joie de ceux qui aiment profondément parce qu'ils ont été profondément blessés.

Vous ne serez jamais vaincu par l'adversité. La pensée axée sur la possibilité fera de votre vie une inspiration et un triomphe !